Agir et penser comme Arsène Lupin

Direction éditoriale : Stéphane Chabenat
Éditrice : Charlotte Sperber
Conception graphique de la couverture : olo.éditions
Mise en page : Soft Office

Les Éditions de **l'Opportun**
16, rue Dupetit-Thouars
75003 Paris
www.editionsopportun.com

Stéphane Garnier

Agir et penser comme Arsène Lupin

LES ÉDITIONS DE L'OPPORTUN

À mes parents et ma sœur,
Une vie est un projet sans attente.

Sommaire

Retour aux origines

> « Lupin est un mythe.
> Maurice Leblanc ne l'a pas créé ; il l'a découvert.
> En un sens, Lupin est plus réel que Leblanc. »
>
> *Le roman policier*,
> Boileau-Narcejac, 1964.

Arsène Lupin aux origines ?

Il a vu le jour sous la plume de Maurice Leblanc dans un tout premier conte intitulé *Un gentleman*, paru dans le journal *L'Auto* en 1904.

Mais c'est en 1905, à la demande de Pierre Lafitte pour son nouveau magazine *Je sais tout*, que Maurice Leblanc donne naissance à Arsène Lupin dans le premier épisode d'un feuilleton intitulé *L'arrestation d'Arsène Lupin*.

S'en suivra un succès détonant, donnant vie à des dizaines d'épisodes et de romans.

Ce personnage unique a été revisité à plusieurs reprises en série télévisée, au théâtre, au cinéma, en dessin animé, en pastiche durant plus d'un siècle jusqu'à aujourd'hui.

Étonnamment, Arsène Lupin est resté fidèle à lui-même dans ses travers, ses talents, son charme et son charisme, tout ce qui l'a fait adorer du grand public.

Personnage mythique, mystique, universel, attrayant à plus d'un titre, qui a fait le tour du monde à travers toutes les cultures et toutes les époques sans jamais prendre une ride.

Certains éléments de son caractère et de son profil ont été creusés, développés, mis en valeur suivant les différentes adaptations pour mieux le mettre en scène, et le personnage mystérieux d'Arsène n'a fait que de s'enrichir tout en restant fidèle à l'œuvre originale.

Arsène Lupin, mythe ou réalité ?

Question qui restera pour beaucoup à jamais en suspens. Beaucoup de légendes et d'histoires abondent sur l'inspiration, le modèle, et même le nom, dont Maurice Leblanc a pu s'inspirer pour camper ce gentleman cambrioleur.

Le plus troublant n'est-il pas dans la position de l'auteur qui devient le narrateur dans ses histoires en devenant le confident d'Arsène Lupin ?

Alors, Arsène Lupin a-t-il existé ? Ou n'est-ce qu'un fantasme de l'auteur, une chimère ? L'a-t-il créé ou l'a-t-il découvert ?

On peut douter de l'existence d'Arsène Lupin… ou croire que quelque part, il vit.

Et ce quelque part est peut-être en chacun de nous : c'est toute l'aventure d'une vie, une quête, que je vous invite ici à découvrir.

Première rencontre avec Arsène

Avant de débuter cet ouvrage, Arsène Lupin m'a demandé :

— As-tu déjà volé dans ta vie ?

— Ai-je déjà volé ? Oui, une fois.

— Qu'est-ce que c'était ?

— Un stylo à plume. J'avais dix ans…

— Et ?

— Je me suis fait prendre.

— Un stylo à plume… Comme quoi il n'est pas de hasard dans la vie.

— En effet !

— As-tu des regrets ?

— Aucun.

— C'est bien. Jamais je ne pousserai au vol, s'il n'est pas honnête.

Dans l'antichambre

Avez-vous l'âme d'Arsène Lupin sans le savoir ?

Une âme de gentleman ? Une âme de séducteur ? Une âme d'artiste ? Une âme de stratège ? Une âme de voleur bienveillant ? Une âme aventureuse ? Candide ? Une belle âme en somme !

Et si vous meniez l'enquête sur vous-même, pour progresser dans la quête de la personne que vous êtes ?

Menez-vous votre existence comme Arsène Lupin sans vous en rendre compte ?

Peut-être…

Mais, si ce n'est pas le cas, en quoi peut-il amener un éclairage différent sur votre vie, et comment cela peut-il vous transformer radicalement ?

Faites-vous comme lui ? C'est-à-dire, entre autres…

- Faire ce que les autres ne font pas.
- Oser ce que les autres n'osent pas.
- Penser à l'inverse de vos contemporains.

Arsène Lupin prend le contrepied de tout pour trouver une nouvelle voie.

Penser l'impensable, réaliser l'impossible, c'est pour lui le seul enjeu, la seule voie de sa réussite.

Il use de malice, de logique, il connaît sur le bout des doigts les rouages de pensées communs, les acquis, la pensée collective, ses clichés, ses réflexes, et il s'en extrait pour agir à l'exact opposé des attentes de chacun.

A contrario, il se sert parfois d'évidences tellement acquises, comme le fait de ne pas cacher ses objets et articles de presse secrets dans sa cellule lorsqu'il est en prison, mais simplement de les déposer dans son tiroir de table de chevet. Tiroir que personne ne pensera à ouvrir, quand les gardiens s'échineront à retourner le matelas et à ausculter à la loupe le moindre interstice dans les murs.

Une évidence pourtant, une évidence risquée, mais payante pour Arsène, quand tout ce qui est acquis devient aussi un levier dans la mécanique de ses plans.

Arsène Lupin prend des risques. Extrêmes quand, par moments, pour son «évasion» lors de son procès, il mise tout sur l'incrédulité de l'inspecteur Ganimard, qui le connaît pourtant bien, pour lui-même affirmer que la personne qui est dans le box des accusés, n'est pas Arsène Lupin.

Tout ceci ne tient qu'à sa préparation, à son talent de transformation et sur la manipulation de son entourage. Un pari risqué, tellement impensable qu'il en devient gagnant.

Arsène Lupin est un joueur, un parieur, mais il calcule ses risques. Il parie sur lui-même comme sur la crédulité de ses cibles.

Il use des artifices des magiciens et prestidigitateurs pour allumer des contre-feux, créer des illusions, semer le trouble, et désigner ce qu'il faut regarder tout en œuvrant en arrière-plan.

Tromper son monde est pour lui tout autant un art qu'un jeu. En cela il est incroyable, car de ces leviers qu'il utilise, comme de sa manière de penser, il parvient toujours à son objectif.

Pouvons-nous tous en dire autant ?

Et si… Et si Arsène avait quelques matières à nous enseigner, en dehors de tous les cadres que nous connaissons, pour sortir gagnants de tous les projets et objectifs de vie que nous nous sommes fixés ?

Un voleur en guise de maître à penser ?

Ce fut là toute ma découverte que je veux partager avec vous, quand je me suis replongé dans les lignes et les images de ce personnage universel.

Est-il possible de se redécouvrir, de regarder à travers soi, d'apprendre à mieux se connaître en empruntant le regard d'Arsène ?

Et comme lui :

Faut-il savoir se transcender,
et devenir un autre pour devenir soi-même ?

C'est toute la question de vie que nous propose Arsène dans le moindre de ses actes.

Qui n'a jamais rêvé d'être Arsène Lupin ?

Mais rêver suffit-il, quand dans l'ombre du moindre de ses gestes, il nous montre le chemin à suivre ?

> « Arsène Lupin est plus qu'un livre, c'est mon héritage, ma méthode, ma voie. Je suis Lupin. »
>
> Assane, *Lupin – Dans l'ombre d'Arsène*, série Netflix.

Arsènisez votre vie !

Qu'est-ce que cela signifie : arséniser ma vie ?

Déclinez avec moi :

J'arsénise, tu arsénises, il – elle lupinise, nous arsénisons, vous arsénisez, ils – elles lupinisent.

Arséniser sa vie ?

Simplement faire comme lui : se définir un objectif et établir un plan imparable pour y parvenir.

C'est ce que je vous propose d'établir en premier lieu.

1. Quel est votre objectif aujourd'hui ? Qu'est-ce qui vous fait vibrer ? Qu'est-ce qui vous semble vital ? De quoi avez-vous véritablement envie ?

Obtenir un poste à responsabilités ? Battre un record ? Changer radicalement de vie ? Devenir votre propre patron ? Partir faire le tour du monde ? Rencontrer l'amour de votre vie ? Être heureux ? Vous dépasser ? Affronter vos peurs ? Tout cela et beaucoup plus ?

Commencez par définir votre objectif ici :

Que voulez-vous VRAIMENT ?

. . . .

. . . .

. . . .

2. À présent, il va vous falloir établir un plan pour y parvenir à la manière d'Arsène Lupin.

Pour ce faire, à chaque fin de chapitre, notez dans la rubrique concernée en quoi cette attitude, ce talent, cette manière de pensée d'Arsène que nous aurons abordée, pourra servir votre objectif.

Notez en fonction, toutes les actions et les attitudes que vous pouvez mettre en place pour l'atteindre.

3. En fin d'ouvrage, faites le bilan.

Il s'agit d'organiser tous ces éléments pas à pas, suivant votre chronologie, dans le plan que vous allez mettre en place.

Plan que vous allez suivre à la lettre par la suite, comme le fait Arsène, pour parvenir, sans que personne ne s'en aperçoive à atteindre votre rêve.

Impossible ?

Toutes les batailles se gagnent en suivant un plan. Les victoires en *one shot* ne sont souvent qu'un coup de chance.

Coup de chance que l'on ne peut renouveler par la suite, sans adapter pour chaque nouveau défi, la démarche d'Arsène.

N. B.

Vous pouvez définir un ou plusieurs objectifs à cette étape, et notez les éléments propres à chacun au fil de l'ouvrage. Mais comme on le dit parfois : à chasser plusieurs lapins, on y perd son fusil.

Définissez dans un premier temps ce qui est prioritaire, vital pour vous aujourd'hui. Mettez-y tout votre talent, toute votre volonté et votre courage, en utilisant et en adaptant les facultés et les talents d'Arsène.

Il se peut alors, comme pour lui, qu'au bout du chemin vous attende la réussite.

Agir et penser comme Arsène Lupin,
c'est avant tout sortir des normes,
afin de mettre en place un plan audacieux
pour parvenir à vos fins.

Arsène Lupin conçoit l'inconcevable

« C'est l'asile et c'est aussi la formidable cachette. Tous les trésors des rois, grossis de siècle en siècle, tout l'or de France, tout ce qu'on extrait du peuple, tout ce qu'on arrache au clergé, tout le butin ramassé sur les champs de bataille de l'Europe, c'est dans la caverne royale qu'on l'entasse. [...] Qui le découvrirait ? Qui saurait jamais le secret impénétrable de l'Aiguille ? Personne.
Si, Lupin.
Et Lupin devient cette sorte d'être vraiment disproportionné que l'on connaît, ce miracle impossible à expliquer tant que la vérité demeure dans l'ombre. Si infinies que soient les ressources de son génie, elles ne peuvent suffire à la lutte qu'il soutient contre la Société. Il en faut d'autres plus matérielles. Il faut la retraite sûre, il faut la certitude de l'impunité, la paix qui permet l'exécution des plans.
Sans l'Aiguille creuse, Lupin est incompréhensible, c'est un mythe, un personnage de roman, sans rapport avec la réalité. Maître du secret, et de quel secret ! C'est un homme comme les autres, tout simplement, mais qui sait manier de façon supérieure l'arme extraordinaire dont le destin l'a doté. »

L'aiguille creuse,
Maurice Leblanc, 1909.

Concevoir l'inconcevable pour réaliser l'irréalisable, c'est bien là toute la force d'Arsène Lupin.

Il pense différemment, et à contre-courant de la logique normale de la majorité des gens. C'est bien ce qui est à l'origine de son talent unique.

Rien n'est impossible pour lui, surtout si cela n'a jamais été tenté.

Il sait s'extraire intuitivement de tous les codes de pensée convenus, ce qui le met en position d'observateur des événements, des personnes comme du monde qui l'entoure, sous un angle différent de celui des autres. Et c'est de ce point de vue original, qu'il met en place les premières pièces de ses plans.

En faisant un pas de côté, Arsène Lupin sort du cadre accepté et connu de tous. Il est comme un observateur qui depuis la lune, analyserait tout en s'en amusant, l'agitation de la fourmilière humaine.

De ce point de vue idéal, englobant tous les éléments sans en omettre aucun, Arsène aborde toutes les facettes d'une situation et tous les moyens à mettre en œuvre pour parvenir à ses fins.

Ce qui parfois nous paraît inconcevable, ne l'est seulement que par manque de recul, une certaine méconnaissance du terrain ou encore des interactions humaines et des enjeux qui nous entourent.

Arsène peut tout concevoir, surtout ce qui nous échappe, car il voit tout, prend des notes et les intègre telles des données à son plan. Le plus petit détail est important pour lui, car il peut être le déclic, l'élément révélateur qui lui permettra de renverser la situation.

Concevoir l'inconcevable ? Qu'est-ce que cela signifie pour nous ?

C'est croire que c'est possible, que tout est possible. Contrairement au conditionnement de culture dans lequel nous avons baigné et au conditionnement d'éducation que nous avons subi.

C'est peut-être à cet instant, revenir sur l'objectif que vous vous êtes fixé il y a seulement quelques pages. Car nous avons tous tendance à ne pas rêver assez loin, assez grand.

Fixez-vous un but à la hauteur de vos désirs, et non en fonction des capacités que vous pensez ou non avoir.

Faites comme Arsène, concevez pour vous, ce que vous vous êtes interdit jusqu'à aujourd'hui.

Si l'envie est là, alors votre plan n'en sera que plus excitant et motivant. Et sans vous en rendre compte, vous serez capable comme Arsène, de réaliser ce qui vous paraissait irréalisable il y a quelques minutes encore.

Quand le cœur est moteur, tout devient possible.

Rêvez-vous assez grand ? Rêvez-vous assez beau ? Rêvez-vous pour vous ou pour les autres ?

Il reste toujours des échelons à gravir sur l'échelle de nos désirs.

Et si vous poussiez le curseur de votre objectif à la hauteur de de ce que vous avez toujours désiré sans le dire, sans même oser vous l'avouer à vous-même ?

Apprendre à lire entre les lignes de nos envies, c'est être honnête et se redéfinir au plus haut de soi.

Et si vous entriez dans cet ouvrage comme Assane le fait au Louvre avant son cambriolage : « Vous entrez balayeur et vous sortez millionnaire. »*

Et Arsène Lupin m'a murmuré…

« On s'invite dans la vie.
On s'invite dans le bonheur.
On s'invite au risque de vivre…
Ou l'on meurt. »

* *Lupin – Dans l'ombre d'Arsène*, série Netflix.

VOTRE PLAN

En quoi cette attitude, ce talent, cette manière de penser peut-elle servir votre objectif ?

Notez ici ce nouvel élément et ce que vous pouvez en faire pour nourrir votre plan.

Arsène Lupin est un gentleman

« Je pris donc mon pardessus, mes journaux, mon indicateur, et me réfugiai dans un des compartiments voisins.
Une dame s'y trouvait. À ma vue, elle eut un geste de contrariété qui ne m'échappa point, et elle se pencha vers un monsieur planté sur le marchepied, son mari, sans doute, qui l'avait accompagnée à la gare. Le monsieur m'observa, et l'examen se termina probablement à mon avantage, car il parla bas à sa femme, en souriant, de l'air dont on rassure un enfant qui a peur. Elle sourit à son tour, et me glissa un œil amical, comme si elle comprenait tout à coup que j'étais un de ces galants hommes avec qui une femme peut rester enfermée deux heures durant, dans une petite boîte de six pieds carrés, sans avoir rien à craindre. »

Arsène Lupin, Gentleman-cambrioleur –
Le mystérieux voyageur,
Maurice Leblanc, 1907.

Être un gentleman relève tout autant de l'élégance physique que de l'élégance intellectuelle.

Que ce soit auprès des dames comme des hommes, Arsène agit de la même façon avec les personnes qu'il côtoie.

Être un gentleman est avant tout un état d'esprit, qui engendre une manière d'être presque disparue aujourd'hui.

Il ne s'agit pas seulement de tenir la porte à une dame, de lui offrir votre manteau pour lui couvrir les épaules s'il fait froid. Il s'agit d'avoir une écoute attentive vis-à-vis de son interlocuteur, comme s'il était la personne unique qui mérite l'attention de tout votre être, tout comme être capable d'anticiper – et nous reviendrons sur cette faculté – le moindre de ses désirs.

Un gentleman ne fait pas de lèche-bottes, il est sincère dans la démarche d'attention qu'il a, et c'est ce ressenti qui ne se calcule pas, qui fait émerger dans l'esprit de la personne qu'il choie cette idée : « C'est un véritable gentleman. »

Un gentleman ne force jamais à rien, il séduit, il sous-tend des idées, il soumet des perspectives, il offre son accompagnement, son réconfort, son soutien, mais jamais ne l'impose ni n'en abuse.

Un gentleman a l'attitude d'un ange sur qui l'on peut compter, mais laisse l'autre dans toute sa liberté d'être et d'agir. Un gentleman est libre et laisse libre sans jamais s'imposer ni imposer.

Dans la série *Lupin – Dans l'ombre d'Arsène*, il y a un échange entre Claire et Assane lorsqu'ils sont encore enfants qui amène un éclairage enfantin mais limpide de ce qu'est un gentleman.

Claire à Assane : « Dans la vie, t'as deux catégories de mecs : t'as les barbares et les chevaliers. Les barbares, ils en n'ont rien à foutre, ils viennent t'envahir sans demander ton avis, puis t'as les chevaliers, un peu comme toi d'ailleurs, qui pense que les femmes sont des petites choses fragiles qui ont toujours besoin d'être protégées. Bah tu sais quoi, c'est marrant, moi les deux me cassent les couilles. »

[...]

Mais pour Assane, revenant vers elle quelques jours plus tard, il existe un troisième type d'homme, le gentleman.

Assane Diop : « Un mec qui s'en fout de tout sauf de ce qui compte vraiment. Un mec qui joue, mais qui respecte les règles… Le gentleman. »

Devenir ou redevenir un gentleman aujourd'hui, est-ce possible ?

Si l'on en croit seulement l'évolution de notre langage, de nos mœurs, de nos valeurs et de la violence parfois de nos échanges, il est normal d'avoir quelques doutes.

Ces attitudes peuvent être considérées comme étant aux antipodes de celles d'un gentleman.

Et pourtant, l'âme du gentleman existe encore, comme il existe toujours quelques spécimens de cette espèce. Et vous en connaissez, sans leur avoir jamais collé cette étiquette de gentleman. Regardez autour de vous…

Vous les avez reconnus ? Pourquoi ? Parce qu'ils sont différents des autres. Ils sont aimables, serviables, polis, toujours présents sans être pesants… En un clin d'œil vous savez les discerner du reste du groupe, même dans un groupe d'inconnus, vous les ressentez. Oui, le gentleman existe encore, presque invisible, et pourtant si présent.

Alors, quel avantage pour vous à vous envelopper dès à présent dans la cape d'un gentleman ?

Être sûr à tous les coups d'être remarqué, ressenti, observé et désiré comme l'oiseau rare que le gentleman est devenu, parmi des hordes de personnages grossiers et de barbares.

Quel que soit votre objectif, l'élégance d'esprit du gentleman ne pourra que vous servir pour vous élever au premier rang.

Et Arsène Lupin m'a murmuré…

« Un gentleman ne dit jamais pourquoi il a été bon,
pourquoi il a été droit.
Il n'attend rien en retour pour cela. »

VOTRE PLAN

En quoi cette attitude, ce talent, cette manière de penser peut-elle servir votre objectif ?

Notez ici ce nouvel élément et ce que vous pouvez en faire pour nourrir votre plan.

Arsène Lupin prévoit, anticipe

«Découvrir quelque chose, avec Arsène Lupin ! Mais, mon cher monsieur, Arsène Lupin ne laisse jamais rien derrière lui ! Il n'y a pas de hasard avec Arsène Lupin ! J'en suis à me demander si ce n'est pas volontairement qu'il s'est fait arrêter par moi, en Amérique ! »

Inspecteur Ganimard

Arsène Lupin, Gentleman-cambrioleur – Arsène Lupin en prison,
Maurice Leblanc, 1907.

Sur le terrain ne doit se passer que ce que l'on a planifié.

Pour ce qui est des impondérables et de l'inattendu, l'échappatoire aura été prévue. C'est peut-être ainsi que se résume la manière d'agir d'Arsène Lupin.

Rien ne doit être laissé au hasard, rien ne doit lui échapper.

Arsène ne se contente pas d'envisager le déroulement des événements en fonction de ce qui l'arrangerait, pour atteindre son but. Non. Il envisage tous les cas de figure, tous les événements qui pourraient survenir pour court-circuiter ses plans et y trouve une parade.

C'est un défaut que nous avons tous lorsque nous entreprenons un projet qui nous tient à cœur : ne voir que ce qui nous arrange, ce qui va dans notre sens.

Nous éludons souvent inconsciemment tous les paramètres et les événements qui pourraient surgir pour déjouer notre entreprise, car nous y mettons tant d'affect, que notre cerveau lui-même se refuse à envisager le grain de sable dans les rouages comme le pire renversement.

Prévoir, anticiper, c'est avant tout garder la tête froide et observer la situation d'un point de vue analytique et objectif.

Dans notre vie, seul avec notre projet, l'exercice est difficile, car nous ne voulons pas voir toutes les faiblesses et tous les risques. C'est pourtant à chacun de ces points que l'on se doit de trouver une réponse, comme Arsène.

Tout projet suit le même cursus, il avance en dent de scie. Aucune ligne droite. C'est pourquoi, il faut savoir anticiper toutes les situations possibles pour élaguer les problèmes à venir, et savoir les solutionner dans l'instant, s'ils surviennent. Ceci a pour effet de limiter ce phénomène de dents de scie, de l'amenuiser, et d'éviter de perdre du temps et de l'énergie.

La part de hasard inhérente par nature à chaque plan d'action est amplement suffisante pour lui laisser sa part d'improvisation.

Il existe une méthode simple pour vous aider à dénicher les faiblesses et défaillances de votre projet : trouvez parmi vos proches un « avocat du diable ». Une personne de confiance et suffisamment éclairée sur votre domaine, à laquelle vous exposerez votre projet.

Le rôle, pour lequel vous le missionnerez ne sera pas de vous encourager, de vous passer de la pommade dans le dos en vous disant : « C'est formidable ! Quelle bonne idée ! », mais de vous questionner en vous mettant en porte-à-faux sur les étapes, les difficultés et les conséquences de votre plan.

Il devra faire émerger tout ce que vous aurez inconsciemment refusé de voir, car tellement focalisé sur l'aspect positif de votre projet. Son rôle sera de rester extérieur, neutre, sans enjeu vis-à-vis de vous, tout en vous demandant sans arrêt : « Et si… ». Et s'il se passe cela… Et si cela prend plus de temps… Et si tu n'obtiens pas… Et si…

Certains comme Arsène Lupin, n'ont peut-être pas besoin de cet « avocat du diable » pour envisager objectivement l'ensemble des paramètres d'un projet. Mais c'est un exercice difficile au départ, c'est pourquoi ce jeu de miroir négatif avec une personne de confiance peut être très enrichissant pour éviter les faux pas.

Si gouverner c'est prévoir, gagner, c'est anticiper.

Et Arsène Lupin m'a murmuré...

«Anticiper, c'est se projeter,
c'est prévoir et mettre en œuvre
ce à quoi les autres n'ont pas pensé.»

VOTRE PLAN

En quoi cette attitude, ce talent, cette manière de penser peut-elle servir votre objectif ?

Notez ici ce nouvel élément et ce que vous pouvez en faire pour nourrir votre plan.

Discussion avec Arsène

Il est minuit ou presque. Je me tourne vers Arsène, et lui demande :

— Que pourrais-je encore faire ?

— Dans quel but ?, me dit-il.

— Pour être moi-même, être heureux, et sourire plus souvent.

— Qu'est-ce qui t'en empêche ?

— Je voudrais plus.

— Vouloir plus est un concept dont je suis l'auteur. Il est l'échelon supérieur de la nature humaine.

— Faible nature humaine à l'observer par moments.

— Faible oui, tant qu'elle ne sait pas ce qu'elle veut. Que désires-tu ? Vraiment ?

— Être plus que ce que je suis, savoir plus que ce que je sais.

— Nous rêvons tous d'être des héros l'espace d'une vie. Mais qui connaît la longueur de sa vie ?

— Personne.

— Alors attendre demain est déjà trop tard. Demain est un concept inutile.

— Et pourtant il faut prévoir, comme tu planifies le moindre détail de tes plans non ?

— Oui, mais je les anticipe et les organise pour aujourd'hui, en fonction d'aujourd'hui et seulement d'aujourd'hui.

—Juste pour aujourd'hui…

—Chaque jour est identique avec des nuances de soleil en projets, et des nuances de nuages gris. Faire pour demain s'entend si on le conçoit comme un nouvel aujourd'hui.

Arsène Lupin est un magicien

« C'est ça la clef, détourner l'attention. Si tu te souviens de ça, jamais personne ne t'arrêtera. »

Père d'Arsène à Arsène

Arsène Lupin,
film de Jean-Paul Salomé, 2004.

« On leur objectait qu'à l'heure du vol, Rozaine – c'était démontré – se promenait sur le pont. À quoi ils ripostaient : "Est-ce qu'un homme de la trempe d'Arsène Lupin a besoin d'assister au vol qu'il commet ?" ».

Arsène Lupin, Gentleman-cambrioleur – L'arrestation d'Arsène Lupin,
Maurice Leblanc, 1907.

Jouer d'illusion, mystifier, éblouir, surprendre, tels sont les atouts dont Arsène se sert pour transformer un simple larcin en feu d'artifice.

Ses forfaits relèvent plus du spectacle que du vol à la petite semaine. Il emmène, fait rêver, provoque, mais laisse ébahi même ses plus grands ennemis.

C'est en cela qu'il séduit également les foules, car devant l'ingéniosité et la beauté du geste, chacun finit par applaudir plus qu'il ne condamne.

D'autant qu'Arsène possède et cultive cette part de justicier dans ses méfaits. Même s'ils sont condamnables, beaucoup, dans l'inconscient collectif, servent une forme de justice sociale. D'une certaine manière, il ne vole que ceux qui le méritent.

Magicien jusqu'au bout de ses ongles entretenus, Arsène est le marionnettiste dont on ne devine jamais le dessein final, et devant lequel chacun attend sa part d'émerveillement.

C'est de son haut de forme qu'il sort, tel un magicien, les lapins blancs pour détourner l'attention de son véritable tour.

C'est de cette mise en scène permanente dont nous pouvons nous inspirer.

Nous raconte-t-il avec force détail la difficulté de ses entreprises ? La rudesse des tâches qu'il s'impose pour mener à bien ses forfaits ? Jamais. Ou alors juste pour le panache, quand il narre par exemple dans les grandes lignes à l'inspecteur Ganimard, la complexité de son plan, une fois que celui-ci est arrivé à terme, et que plus rien ne peut le toucher.

Arsène ne montre que le beau, que la magie de ses tours de passe-passe, c'est en cela qu'il a créé son image attachante et inspirante d'illusionniste.

En quoi cela peut-il nous être utile dans nos projets ?

À apprendre à nous taire.

Lorsque nous sommes sur le chemin de la réalisation de notre projet, nous avons tous tendance à nous épancher sur les difficultés que nous rencontrons en cours de route.

Cela peut soulager de partager ses problèmes, mais cela peut également jouer contre nous.

La ou les personnes que vous allez prendre à témoin chaque jour de votre avancée pénible et éreintante par moments dans la réalisation de votre entreprise vont, d'une part, vous écouter, mais aussi devenir des conseilleurs. Ce ne seront pas toujours des conseilleurs les plus avisés, quand ils pourront parfois projeter leurs propres peurs sur votre projet. Car eux, n'en sont pas à l'origine, faute d'envie, de courage ou d'idée. Mais ces conseilleurs prennent parfois, peu de temps après, un tout autre rôle, celui de surveillant, de censeur, presque à vous demander des comptes sur le fait que vous avanciez aussi lentement.

Vous n'êtes alors plus tout à fait maître à bord de votre plan, quand ces mêmes témoins, si vous arrivez à terme de votre réalisation, voudront aussi s'en accaparer certains mérites. Car après tout, après le nombre d'heures que vous avez passé à leur en parler, et à en expliquer les difficultés de mise en place, ce projet devient presque le leur. Un projet pour lequel vous n'avez plus droit à l'erreur. À ce point, vous devez réussir, autant pour vous que pour eux.

Ce que l'on croit être parfois une épaule, une bouée, peut se transformer en boulet à nos pieds.

Il faut apprendre à nous méfier de nous-même, de cette propension à vouloir se plaindre des difficultés rencontrées. Elle nous enlève une part de liberté de faire à notre guise, comme à notre rythme, vis-à-vis des autres, mais surtout, elle ôte une part de magie à notre projet.

Vous désirez écrire un roman ? Si j'ai bien un conseil, n'en parlez pas tant qu'il n'est pas terminé ou sur le point de l'être. Vous aurez alors, après le secret de votre travail, tout loisir de le laisser apparaître aux yeux de tous en ayant pour écho : « Mais je ne savais pas que tu… c'est super ! ».

Que se passera-t-il si pendant un an vous ne cessez d'en parler, mais que par moments, vous calez sur la ligne, que les recherches nécessaires prennent plus de temps que prévu ?

Vous allez petit à petit décevoir, jusqu'à finir par entendre des réflexions qui vous pousseront vous-même à ne plus y croire.

Il faut préserver une part de magie dans nos projets, et comme Arsène, ne dévoiler que le strict nécessaire une fois qu'ils ont aboutis.

Comme il le dit : « Tu doutes de moi ? Tu sais pourtant que je réussis là où tous les autres échouent. »*

C'est son secret, sa magie, car personne ne connaît ses desseins avant que ceux-ci ne se réalisent.

Lupin ne perd jamais, car on ne voit de lui que le lapin blanc qui sort du chapeau, mais jamais l'agilité qu'il a dû acquérir pour évoluer de manière naturelle avec son haut de forme, sans que personne ne s'aperçoive du poids comme du double fond de son couvre-chef.

Et Arsène Lupin m'a murmuré…

« Faire et apprendre à se taire.
Faire reste la clef.
C'est dans le silence du travail
que la magie opère. »

* *Arsène Lupin,* film de Jean-Paul Salomé, 2004.

VOTRE PLAN

En quoi cette attitude, ce talent, cette manière de penser peut-elle servir votre objectif ?

Notez ici ce nouvel élément et ce que vous pouvez en faire pour nourrir votre plan.

Arsène Lupin est un caméléon

« Son portrait ? Comment pourrais-je le faire ? Vingt fois j'ai vu Arsène Lupin, et vingt fois c'est un être différent qui m'est apparu... ou plutôt, le même être dont vingt miroirs m'auraient renvoyé autant d'images déformées, chacune ayant ses yeux particuliers, sa forme spéciale de figure, son geste propre, sa silhouette et son caractère. »

Arsène Lupin, Gentleman-cambrioleur – L'arrestation d'Arsène Lupin,
Maurice Leblanc, 1907.

Il est un et plusieurs, entier et morcelé, capable de se rassembler et de se disperser en mille paillettes pour mieux disparaître et s'envoler aux quatre vents. Tel est le système d'évolution d'Arsène dans notre monde, un talent qu'il cultive dans tous les domaines de sa vie.

En quoi le fait de pouvoir se transformer, se grimer jusqu'à se fondre et devenir méconnaissable peut nous être utile ? Il ne s'agit pas bien entendu de se transformer physiquement comme lui pour atteindre notre objectif, mais... de savoir s'adapter.

Savoir s'adapter doit faire partie de votre stratégie.

On ne peut parfois forcer les événements, changer l'environnement qui nous entoure pour y imposer notre projet, notre volonté. Mais on peut s'y lover.

Il ne s'agit pas de se laisser influencer, mais d'être malléable pour faire avancer notre projet, sans jamais le perdre de vue, tout en le serrant contre soi.

Il ne s'agit pas de louvoyer en trahissant nos désirs et notre pensée, mais de n'en montrer que les facettes qui peuvent s'adapter sans effort à l'environnement dans lequel nous évoluons.

Vous désirez devenir chef à la place du chef? Agissez comme si vous l'étiez déjà, pensez comme si vous étiez à sa place, et comme Arsène, adoptez la tenue vestimentaire, les caractéristiques et codes de cette personne.

Développez cette part de caméléon en vous, que ce soit en usant d'élégance vestimentaire comme d'élégance verbale.

On ne devient pas une star en rasant les murs, et en adoptant une attitude discrète, fuyante, confinant à l'invisibilité. On devient une star en agissant comme une star, en se montrant sans se pavaner.

Même si le costume flotte un peu au départ, à l'enfiler chaque jour vous deviendrez ce que vous montrez, vous obtiendrez ce que vous désirez.

Être un caméléon n'est pas se fondre jusqu'à se trahir, mais user d'intelligence et d'esprit pour se frayer un chemin là où il n'en existe pas pour vous pour l'instant.

Saisissez la machette de vos talents et grâce à elle, ouvrez votre voie dans cette jungle pour y avancer comme un explorateur, jusqu'à y imposer votre ambition.

Projetez autour de vous, dans le moindre de vos mots, de vos actes et de vos gestes la personne que vous souhaitez devenir en toute sincérité, et vous serez considéré comme telle.

Il ne vous restera qu'à emboîter le pas de ce personnage entièrement créé pour vous et avec son aide, vous frayer un chemin.

Utiliser les artifices du caméléon sans se mentir à soi-même, ni sur ce que l'on désire pour un temps donné, c'est savoir se donner l'opportunité de se transcender pour finalement devenir soi.

Et Arsène Lupin m'a murmuré…

« Adoptez les codes qui vous rendent maître.
Mettez-vous en scène. »

VOTRE PLAN

En quoi cette attitude, ce talent, cette manière de penser peut-elle servir votre objectif ?

Notez ici ce nouvel élément et ce que vous pouvez en faire pour nourrir votre plan.

....

....

....

....

....

....

....

....

....

....

....

....

....

....

....

....

....

....

....

....

....

....

....

....

....

....

....

....

....

....

....

Arsène Lupin est logique

« Il n'y eut qu'un cri parmi nous. Il n'y eut qu'une opinion parmi tous les passagers, lorsque le vol fut connu : c'est Arsène Lupin. Et de fait, c'était bien sa manière compliquée, mystérieuse, inconcevable... et logique cependant, car, s'il était difficile de receler la masse encombrante qu'eût formée l'ensemble des bijoux, combien moindre était l'embarras avec de petites choses indépendantes les unes des autres, perles, émeraudes et saphirs ! »

Monsieur d'Andrésy / Arsène Lupin

Arsène Lupin, Gentleman-cambrioleur – L'arrestation d'Arsène Lupin,
Maurice Leblanc, 1907.

Si l'intuition nous mène sur le chemin de la bonne idée, sur la voie de ce qui est fait pour nous, la logique elle, nous permet d'arpenter le chemin vers ce but, cette envie, jusqu'au bout.

La logique est à la base même du travail que vous allez entreprendre pour construire pas à pas votre plan.

Arsène Lupin ne s'y trompe pas quand il élabore chaque stratégie et contre-stratégie qui peuvent voir le jour dans l'accomplissement de sa tâche.

Il prévoit de manière logique l'enchaînement des événements, comme dans un effet domino, mais il prévoit aussi l'ensemble des réactions que ces phénomènes vont susciter chez ses victimes, comme dans les arcanes des meilleurs services de police.

« Ceci entraînera cela, telle action engendrera telle réaction, etc. ». C'est ainsi qu'Arsène conçoit ses plans, et pour chaque modulation, il trouve une parade ou il allume un contre-feu pour faire illusion.

C'est par la logique qu'il affine chacune des étapes de ses plans. « Si je fais ceci, logiquement, par voie de conséquence, il arrivera cela... »

Cela peut lui servir pour dérouler la suite de son stratagème, ou au contraire le contrer. Il lui faut alors solutionner cette conséquence néfaste par un nouveau tour de passe-passe.

C'est en suivant une logique implacable qu'Arsène Lupin met au point ses stratagèmes les plus fins. Il ne laisse pas de place au ressenti et à l'intuition mais seulement aux mathématiques et au principe de causalité.

En quoi cette logique, en dehors de ses effets bénéfiques pour l'élaboration de votre plan peut-elle vous servir ?

À vous méfier du fameux : « Je fais comme je le sens ! »

Cette phrase, si souvent entendue, peut s'avérer riche de sens lorsque vous êtes en quête de nouvelles idées, de pistes. Mais c'est une fois l'idée trouvée que cette expression connaît ses limites et ses défaillances.

C'est lorsque vous avez trouvé votre projet qu'il faut prendre garde à la façon dont vous aller établir et mener votre plan d'action pour atteindre cet objectif.

« Je fais comme je le sens ! », n'a alors plus rien à faire dans l'établissement des étapes à venir. Il vous faut à cet instant-là être logique, et ceci pour une raison simple : quel que soit le domaine que touche votre désir, il répond à certaines règles qui lui sont intrinsèques et auxquelles vous ne pourrez pas beaucoup déroger en vous engageant dans cette voie.

On ne réinvente pas la roue à tous les coups, même si c'est le désir qui vous anime. Il faut accepter de faire avec l'existant, ce qui est codifié, ce que d'autres ont mis en place, même si vous désirez le transformer à l'avenir, pour pouvoir avancer.

Les coups de génie sont légions pour révolutionner les habitudes, les inventions et les technologies. Pour autant, peu s'insèrent dans le maillage des nouveaux us et coutumes auprès de la majorité.

Que l'on parle de création musicale, de navigation Internet ou de tout autre domaine, on ne peut que faire évoluer par touches ce qui est acquis par tous.

Vous aurez beau inventer un ordinateur qui ne plante jamais, ce n'est pas une raison suffisante pour qu'il s'implante massivement sur le marché mondial, à tel point les habitudes sont prises auprès des utilisateurs de sans arrêt mettre à jour les logiciels.

Seule la logique, sans faille ni petits arrangements avec soi-même, peut vous aider à établir cette stratégie imparable à votre réussite, à la manière d'Arsène.

Connaître sa matière, chacun de ses détails et de ses habitudes, va bien au-delà d'une simple étude de marché. Car il ne faut jamais oublier que lorsque vous avez une idée, trois autres personnes dans le monde auront eu la même que vous au même instant.

Alors ? Par quelle démarche, par quel moyen, en sortirez-vous gagnant ?

Et Arsène Lupin m'a murmuré...

«La logique est l'arme de l'esprit calme.
Savoir garder son sang-froid au milieu du tumulte,
c'est être armé pour gagner.»

VOTRE PLAN

En quoi cette attitude, ce talent, cette manière de penser peut-elle servir votre objectif ?

Notez ici ce nouvel élément et ce que vous pouvez en faire pour nourrir votre plan.

DANS LA TÊTE D'ARSÈNE

« Même quand Lupin perd, il gagne quand même. »

Assane Diop enfant, à Claire,
en lui montrant le briquet qu'il a dérobé
au voyou pendant leur bagarre.

Lupin – Dans l'ombre d'Arsène, série Netflix.

Arsène Lupin est libre

« Ah ça, mon cher, t'imagines-tu que je vais pourrir sur la paille humide ? Tu m'outrages. Arsène Lupin ne reste en prison que le temps qu'il lui plaît, et pas une minute de plus. »

Arsène Lupin à Ganimard
alors qu'il est en prison.

Arsène Lupin, Gentleman-cambrioleur –
Arsène Lupin en prison,
Maurice Leblanc, 1907.

Arsène fait ce qu'il veut, quand il veut. Y compris lorsqu'il se trouve au fond de sa cellule. Tout le monde ne voit qu'un prisonnier contraint à l'enfermement, quand lui, en réalité, ne fait que suivre la mécanique complexe de son plan, invisible et méconnue de tous.

Libre de rester, libre de partir, Arsène décide à cet instant.

Impossible dans nos vies de ne suivre que notre bon vouloir, d'être libre comme Arsène penserez-vous peut-être. Et pourtant, comme lui, être libre s'affirme et se décide.

Difficile de ne pas marcher sur la ligne que la bonne société a dessinée pour nous, sans en subir toutes les remontrances jusqu'à faire de nous des parias en cas d'insubordination.

Quand j'ai fait mes trois jours de service militaire obligatoire en arrivant, on m'a ordonné de marcher sur une ligne bleue et d'aller jusqu'au bout de celle-ci.

C'est au bout de cette ligne bleue que m'est apparue l'année qui allait s'en suivre. Je suis resté là, sans bouger comme on me l'avait demandé.

Un monstre de muscles s'est alors dirigé vers moi en me hurlant dessus pour que je bouge de cette fin de ligne. À cet instant j'avais le choix : lui obéir ou sauver ma liberté.

Le personnage autiste incarné par Dustin Hoffman dans le film *Rain Man* m'est alors revenu en mémoire avec sa petite voix, sa gestuelle confuse et j'ai alors murmuré de manière à peine audible à l'homme en kaki : « On m'a dit de m'arrêter là... ».

Il avait beau gesticuler dans tous les sens, c'en était fini. Non pour moi, mais pour lui et cette année à venir dont je n'avais ni le temps, ni les moyens, ni l'envie. Et c'est ainsi que toute la journée, j'ai oscillé légèrement du buste durant les examens, et que je n'ai parlé à personne. J'avais anéanti mon activité cérébrale durant tous les tests avec pour seul point de mire, cette barrière de l'entrée que j'allais traverser en sens inverse, en homme libre. C'en était décidé. Sans même passer par le médecin généraliste, j'ai passé trois heures chez deux psys consécutifs. Ces derniers faisant preuve d'une imagination débordante pour ce qui est des tortures mentales afin de faire craquer les simulateurs, je me contentais de fixer un carreau de carrelage en répondant de manière évasive à leurs insanités. Je n'ai jamais dit que je ne voulais pas faire l'armée, c'est eux qui ont dit que je n'en étais pas capable. Et c'est ainsi que j'ai tourné les talons jusqu'à la barrière qui semblait s'éloigner, avec la carte de visite d'un confrère du dernier psy que je devais d'urgence consulter.

Je n'avais rien préparé avant de me retrouver sous le joug de cette instance, mais au bout de la ligne bleue j'ai dû décider, de partir ou de rester.

Être libre peut se décider pour chacun d'entre nous. Être résolu comme Arsène à ne pas se laisser dicter nos vies, à ne pas être happé par une machine qui ne fait que broyer les rêves et les envies pour entrer docilement dans le moule se décide, même si cela a un prix.

Être libre, c'est ne plus se contenter des miettes que l'on veut bien nous jeter, mais c'est aussi ne plus les avoir, quand on désire le gâteau tout entier, et qu'il faut tout de même manger.

Votre projet de vie vous amènera-t-il cette liberté ? Une part ou la totalité ?

Et Arsène Lupin m'a murmuré…

« La flamme qui brûle au fond de toi
est tout ce que tu es.
Celle de ta liberté. »

VOTRE PLAN

En quoi cette attitude, ce talent, cette manière de penser peut-elle servir votre objectif ?

Notez ici ce nouvel élément et ce que vous pouvez en faire pour nourrir votre plan.

Arsène Lupin ose tout

«Et puis, s'écria Arsène Lupin, j'avais entre les mains un atout formidable, une carte machinée par moi dès le début : l'attente où tout le monde était de mon évasion. Et voilà bien l'erreur grossière où vous êtes tombés, toi et les autres, dans cette partie passionnante que la justice et moi nous avions engagée, et dont l'enjeu était ma liberté : vous avez supposé encore une fois que j'agissais par fanfaronnade, que j'étais grisé par mes succès ainsi qu'un blanc-bec. Moi, Arsène Lupin, une telle faiblesse ! Et, pas plus que dans l'affaire Cahorn, vous ne vous êtes dit : "Du moment qu'Arsène Lupin crie sur les toits qu'il s'évadera, c'est qu'il a des raisons qui l'obligent à le crier." Mais, sapristi, comprends donc que, pour m'évader… sans m'évader, il fallait que l'on crût à l'avance à cette évasion, que ce fût un article de foi, une conviction absolue, une vérité éclatante comme le soleil. Et ce fut cela, de par ma volonté. Arsène Lupin s'évaderait, Arsène Lupin n'assisterait pas à son procès. Et quand tu t'es levé pour dire : "Cet homme n'est pas Arsène Lupin", il eût été surnaturel que tout le monde ne crût pas immédiatement que je n'étais pas Arsène Lupin.

Arsène Lupin, Gentleman-cambrioleur – L'évasion d'Arsène Lupin,
Maurice Leblanc, 1907.

Un des secrets du succès d'Arsène Lupin dans toutes ses entreprises ? Il fait ce que les autres ne font pas.

Il ose, envers et contre toute logique mettre en œuvre des stratagèmes qui semblent tellement impensables qu'en effet, personne n'y pense.

Prendre le contrepied de ce à quoi tout le monde s'attend est pour lui un levier puissant, qui l'amène à la réussite de ses projets sans que personne ne se soit douté un seul instant de ses plans.

C'est une arme dont nous pouvons tous nous saisir, et que nous pouvons mettre à profit dans tous les aspects de notre vie : professionnelle, sentimentale, comme personnelle.

Oser. Oser quand personne n'ose autour de vous. Oser quand les plus frileux s'agglutinent pour se tenir chaud, sous un abri bien connu de tous.

Oser est un acte qui force l'admiration, quand chacun a peur de se perdre dans l'obscurité des risques à prendre.

C'est pourtant, comme pour Arsène, ce qui peut faire toute la différence, à désir égal, entre vous et votre voisin de bureau. La compétence n'a que peu à voir quand on se permet d'oser, simplement.

Attendre d'être prêt, de tout savoir, c'est parfois s'empêcher. Faire est la clef de tout, mais pour faire, il faut oser. Et être le premier, sans quoi à attendre, soumis à des craintes qui n'existent pas, il est de fortes chances, que votre voisin de bureau ose lui, proposer avant vous, ce même projet, cette même idée que vous avez câlinée pendant des semaines, au fond de votre tiroir, sans jamais avoir franchi le pas.

Faire ce que les autres ne font pas, cela peut être adopter une stratégie commerciale aux antipodes de ce qu'il est convenu de faire dans votre domaine professionnel, ou réorganiser le fonctionnement d'une entreprise, comme l'accomplissement d'une tâche, selon de nouveaux critères, hors des sentiers battus.

Battu, battu d'avance quand on se contente de faire comme tout le monde, la même chose, de la même manière.

Oserez-vous ?

Oserez-vous aller au-delà de tout, au-delà de vous, pour découvrir qui vous êtes ?

Oserez-vous transgresser toutes les règles convenues qui jamais n'ont apporté la moindre avancée dans aucune entreprise, quelle qu'elle soit ?

Oserez-vous vous lancer, faire le premier pas, et finir par faire plus que ce que vous pensiez, pour vous, juste pour vous ?

Oserez-vous ? Je l'espère car…

Quand il y a tout à gagner, qu'avez-vous à perdre ?

Et Arsène Lupin m'a murmuré…

« Quand on prend des risques,
on se sauve soi-même. »

VOTRE PLAN

En quoi cette attitude, ce talent, cette manière de penser peut-elle servir votre objectif ?

Notez ici ce nouvel élément et ce que vous pouvez en faire pour nourrir votre plan.

Arsène Lupin est un manipulateur

Alors que Lupin se fait passer pour un inspecteur pour s'introduire et dévaliser une vieille dame dans son appartement. Voici leur échange pour ne rien voler mais pour qu'on lui donne.

Arsène Lupin : « Bonjour madame, c'est la police ! [...] Calmez-vous madame, j'ai deux hommes à moi qui montent la garde en bas, donc tout va bien se passer, vous êtes en sécurité maintenant. Ils n'ont rien pris chez vous j'imagine ? »
La dame : « Je ne crois pas... Non... »
Arsène Lupin : « Bon, vous avez de la chance, parce que l'appartement d'en bas, vos voisins là, ils l'ont complètement siphonné, ils ont tout pris. »
La dame : « Vraiment ?... »
Arsène Lupin : « Ben oui ! Vous avez une alarme j'imagine ? »
La dame : « Non... »
Arsène Lupin : « Ah non ! Ça va pas ça madame, c'est pas bon, parce que là, ils vont revenir ».
La dame : « Vous croyez ? »
Arsène Lupin : « C'est sûr ! Vous savez, ils lâchent rien ces petits salauds ! Quand ils ont pas fini le travail, ils rôdent et puis ils reviennent, se goinfrer. Et là, ils prennent tout. »
La dame : « Mais... Vous allez rester ?... »
Arsène Lupin : « Mais non madame, je ne vais pas rester, je ne peux pas, sous-effectif. Le pognon,

il passe dans les banlieues, et il reste rien pour les honnêtes gens, voilà.»
La dame: «Mon Dieu...»
Arsène Lupin: «Comme vous dites... Il y aurait bien une solution...»
[...]
Arsène Lupin: «Si vous avez vraiment des objets de valeur, vous me les laissez, c'est mieux. On va faire ça, vous me les laissez, moi je vais les mettre au commissariat à l'abri, avec les pièces à conviction, et vous venez les récupérer dès qu'on aura chopé les gars.»
La dame: «Oui, faisons ça!»
Arsène Lupin: «Cela dit, ça va me faire de la paperasse ça, parce qu'il va falloir...»
La dame: «Oh, je vous en supplie!»
Arsène Lupin: «Bon allez, faisons ça! Madame! Que le plus précieux!»
Elle revient avec ses plus beaux bijoux.
La dame: «J'ai une dernière faveur à vous demander, j'ai un œuf de Fabergé...»
Arsène Lupin: «Mais madame, je peux pas tout prendre!»
La dame: «S'il vous plaît...»
Arsène Lupin: «Vous êtes redoutable hein!»
La dame: «Je sais!»
Arsène Lupin: «OK, en souvenir du Congo belge.»
La dame: «Merci. Jeune homme, vous êtes un gentleman.»

Lupin – Dans l'ombre d'Arsène,
série Netflix.

La plupart des gens observent une réalité augmentée. Augmentée par leurs fantasmes. En aucun cas le réel, tel qu'il est.

C'est bien de cet artifice dont use ici Assane, du moins Arsène Lupin.

Installer un climat de confiance, ne rien forcer et laisser venir à soi. Coup de maître que de faire croire qu'on sauve, qu'on aide, tout en dérobant par générosité et bonté d'âme.

Mais après tout, dans la logique d'Arsène, ces richesses datant de l'exploitation du sol africain et des peuples, à l'époque du Congo belge, étaient-elles méritées ? Quel état d'âme aurait-il pu avoir à s'en emparer.

Il ne s'agit pas ici de cautionner le vol, mais de pointer du doigt cette manipulation de style qu'il a su mettre en place avec charme et bonne humeur.

Nous sommes tous un peu manipulateurs quand il s'agit de servir nos propres intérêts. À chacun d'user de ses charmes, de ses talents d'orateurs, de son sourire, de ses arguments.

Volontairement ou involontairement, nous jouons tous à plus ou moins grande échelle de cet art de la manipulation pour obtenir ce que nous désirons.

Un exemple tout bête : Le restaurant est complet ? Plus de réservation ? Vraiment ?... Tout dépend de la manière dont on demande, dont on se présente, et de l'heure à laquelle nous appelons.

Petite astuce de manipulation que je pratique depuis longtemps, et qui m'a souvent permis de réserver une table, quand soi-disant le restaurant était complet, et que mes amis avaient déjà tenté leur chance auparavant à cette même adresse.

Tout d'abord, ne jamais réserver pour le soir-même juste après la coupure, vers 17 heures. Premièrement parce que les employés sont en pleine installation pour le soir, ils n'ont donc pas le temps, et deuxièmement comme cela arrive, ils n'ont pas envie de se faire essorer par une salle pleine à craquer, et la réponse tombe souvent ainsi : « Désolé, ce soir nous sommes complet. »

Pourquoi ? Parce que les patrons ne sont pas encore là ! Appelez à partir de 18 heures, et ô miracle, c'est lui qui prendra la réservation, et des tables libres seront apparues comme par magie. Au pire il vous répondra : « Ça va être difficile, mais... »

Et ce « mais » qui peut basculer dans un sens ou un autre, ne dépend souvent que d'une chose : vous, et la manière dont vous vous serez présenté. Nombre de fois ai-je entendu des personnes appeler pour réserver ainsi :

— Restaurant... Je vous écoute !

— Oui, il nous faut une table pour quatre à 20 heures.

— Désolé, nous sommes complet.

Cela vous paraît naturel ? Et pourtant, pas un bonsoir ni une quelconque forme de politesse vis-à-vis de la personne à qui l'on demande de nous recevoir. On recommence.

—Restaurant… Je vous écoute !

—Bonsoir, Stéphane Garnier, auriez-vous une table pour quatre personnes pour dîner, s'il vous plaît ?

—… Le premier service, ça va être difficile…

—Nous ne sommes pas pressés, peut-être pour le deuxième ?

—Attendez, je vais voir comment je peux m'arranger…

La plupart du temps, après avoir consulté son registre ou appelé un collaborateur, il trouve une solution pour vous débloquer une place au chausse-pied.

Pourquoi ?

Juste demander plutôt que d'ordonner, puis faire un pas arrangeant pour signifier notre réel désir de venir, et enfin, pour mon cas particulier, je joue sur mon nom. Pas celui de l'écrivain qui est bien loin de pouvoir influer sur une réservation, mais sur celui très répandu de Garnier. Si commun, Stéphane Garnier. Mais alors, pourquoi le souligner en préambule de ma demande, « Bonsoir, Stéphane Garnier… » ? Parce que personne ne le fait, personne ne se présente, hormis les personnalités qui veulent en jouer justement. Et le fait de ne pas se cacher dans l'anonymat n'est pas courant dans ce genre de cas. Consciemment ou non, le restaurateur a un petit doute à cet instant. « S'il se présente… Est-il connu ? Est-ce un habitué ? Et ce nom, ça me dit quelque chose… »

Tu parles Charles ! C'est l'héritier des laboratoires Garnier ou le frère du DJ Laurent Garnier !

Minuscule manipulation sur l'instant pour installer le doute, et pousser à trouver la table qui manque.

« C'est bon, j'ai pu m'arranger ! »

Nous sommes tous un peu manipulateurs quand cela nous arrange, il ne faut pas s'en cacher.

Et pour revenir à votre plan, en quoi ce talent de manipulation, cette capacité à obtenir des autres ce que vous désirez, sans qu'ils ne s'en rendent compte pourrait vous servir ?

Réfléchissez à ce qui vous manque, à ce qui peut être délicat d'obtenir comme élément pour votre projet. Et plutôt que de foncer tête baissée, à forcer les portes, réfléchissez à pousser les curseurs et tirer les ficelles, à travers d'autres personnes, un réseau d'influence, voire même un coup de bluff, pour décrocher le pompon, et bien entendu, comme le fait Arsène, sans jamais faire de mal à celles et ceux que vous entreprendrez de manipuler.

Et Arsène Lupin m'a murmuré...

« La vérité comme la justice sont des états passagers.
Il faut toujours se trouver du bon côté de l'injustice
comme de l'invérité. »

VOTRE PLAN

En quoi cette attitude, ce talent, cette manière de penser peut-elle servir votre objectif ?
Notez ici ce nouvel élément et ce que vous pouvez en faire pour nourrir votre plan.

Discussion avec Arsène

Il est minuit ou presque. Je me tourne vers Arsène.

— T'arrive-t-il de douter Arsène ?

— Comment ne pas douter, quand on est seul à faire ce que l'on fait. Seul à prendre des risques, seul à devoir se taire, mais seul à pouvoir gagner.

— Le doute est-il alors nécessaire ?

— Pas le doute, mais il est toujours une part invisible dans un projet, malgré les plans établis, et cette part peut devenir une opportunité.

— N'est-ce alors dans vos plans qu'une dose d'adrénaline ? Comme une addiction ?

— Dans les moments les plus critiques, l'adrénaline est un moteur qui nourrit une fiction. Elle permet de réagir et non de subir, de faire volte-face plutôt que de s'enfuir. Le risque est l'essence même, la raison pour laquelle on fait. Si chacun savait, qui ferait ?

— Personne…

— C'est bien toute la différence de ma démarche, aller au-delà de ce qui est inconnu, et accepter le risque de l'inconnu, avant de l'embrasser.

Arsène Lupin entretient son mystère

«Nous fabriquons nous-mêmes nos mystères. La vie est beaucoup moins compliquée que l'on ne croît, et elle dénoue elle-même ce qui nous paraît enchevêtré.»

Raoul d'Avenac / Arsène Lupin

La Barre-y-va,
Maurice Leblanc, 1931.

«Il y eut un frisson. Quel mystère cachait la vie de ce soi-disant Floriani ? Combien extraordinaire devait être l'existence de cet aventurier, voleur génial à six ans, et qui, aujourd'hui, par un raffinement de dilettante en quête d'émotion, ou tout au plus pour satisfaire un sentiment de rancune, venait braver sa victime chez elle, audacieusement, follement, et cependant avec toute la correction d'un galant homme en visite !»

Arsène Lupin, Gentleman-cambrioleur – Le collier de la reine,
Maurice Leblanc, 1907.

Endossant tour à tour les identités du chevalier Floriani, de Raoul d'Andrésy, de Don Luis Perenna, de Paul Sernine ou de Raoul d'Avenac au fil de ses aventures, Arsène Lupin est ainsi passé d'une vie à l'autre, d'un visage au suivant, brouillant les pistes, sans que personne ne sache qui il était réellement.

Insaisissable, irrésistible, le mystère entourant Arsène lui permet à la fois d'approcher ses victimes au plus près, jusqu'à même finir par faire partie de leur entourage, tout comme cela lui permet de garantir sa tranquillité.

Traqué par la justice, oui, il l'est : Arsène est recherché. Mais personne ne sait qui rechercher, car personne ne sait qui est Arsène.

C'est là tout son génie, tout son mystère. Pouvoir rester libre et vivre dans la peau d'un dandy frayant les plus beaux milieux, sans qu'une seule seconde il ne puisse être soupçonné.

Lorsque cela arrive, il est déjà trop tard, le vol a été commis. Ne lui reste alors plus qu'à s'éloigner, et une nouvelle fois à changer d'identité.

Arsène est accusé, l'inspecteur Ganimard n'a de cesse de trouver sa signature pour nombre de forfaits, mais pourtant, il ne sait qui rechercher.

Arsène est un fantôme, à tel point que parfois, on doute qu'il existe vraiment.

Si sa capacité de transformation lui est utile, c'est surtout le fait qu'il soit impossible de remonter le fil exact de ses origines qui peut nous intéresser ici.

En quoi me direz-vous ?

Dans l'établissement de votre plan, il peut être important que les partenaires avec qui vous allez travailler, comme les personnes à qui vous vous adressez ne sachent pas tout de vous.

Pourquoi ? Souvent pour une simple question de crédibilité. Nous venons tous de quelque part, mais il peut arriver que notre passé, notre environnement, notre cursus scolaire, notre précédente carrière puisse venir interférer sur le projet que nous voulons construire, sur la nouvelle vie que nous voulons mener.

Les clichés ont la peau dure et certaines étiquettes peuvent rester scotchées à vie dans notre dos.

Vous avez l'image d'une personne quelque peu dilettante, ou dépensière, ou peu fiable dans ses engagements ? Nous avons tous eu à une époque certains petits travers qui ont pu perdurer et comme souvent disparaître avec les années. Tout le problème, même si vous n'êtes plus à l'image du souvenir qu'on a de vous, c'est la marque qu'il en reste.

Votre conseiller bancaire vous a toujours connu comme un panier percé, toujours à découvert ? Il va être difficile de le convaincre de vous prêter une somme rondelette pour financer le *food truck* que vous comptez lancer. Inutile de vous user à le convaincre, même si aujourd'hui vous gérez avec sagesse vos finances, mieux vaut simplement changer de banque, pour retrouver une image neutre, sans le poids du passé.

Notez ce qui pourrait nuire à votre projet d'aujourd'hui au regard de votre manière de vivre d'hier. Soyez honnête avec vous-même.

Peut-être ne faut-il pas tout changer, mais une chose est certaine, il est inutile de tout dire.

À travers ce plan que vous allez mettre en place pour parvenir à votre objectif, il va vous être nécessaire de retrouver une part de virginité.

En cela vous serez un être nouveau, et la part de ce que vous aurez tu de votre vie deviendra alors votre part de mystère, comme Arsène, et le mystère attire de lui-même.

Et Arsène Lupin m'a murmuré...

«Ne dites que l'essentiel.
Le mystère naît du silence,
quand la vérité d'une personne est
dans ce qu'elle ne dit pas.»

VOTRE PLAN

En quoi cette attitude, ce talent, cette manière de penser peut-elle servir votre objectif ?

Notez ici ce nouvel élément et ce que vous pouvez en faire pour nourrir votre plan.

Arsène Lupin ne se prend pas au sérieux

Églantine : « Quand on ne vous connaît pas, on pourrait penser que vous n'êtes pas sérieux, que rien ne vous touche. Vous riez tout le temps. »
Arsène Lupin : « Je ne suis pas sérieux ma chère. Il ne manquerait plus que ça. » [...]
Églantine : « Oui, mais vous êtes sensible, et ça, il m'a fallu du temps pour le deviner. Le vrai vicomte d'Andrésy, pourquoi ne le laissez-vous pas apparaître plus souvent ? »
Arsène Lupin : « Peut-être parce qu'il n'existe pas. »
Églantine : « Oh, vous voyez, vous recommencez. On ne peut pas parler avec vous. »
Arsène Lupin : « Mais nous parlons, je vous assure. »
Églantine : « Moi je vous parle, vous, vous cachez une blessure. Et je veux savoir laquelle. »
Arsène Lupin : « Pourquoi voulez-vous qu'il y ait une blessure ? Ma vie, vous la connaissez, il ne m'est absolument rien arrivé à part vous, Églantine. »
Églantine : « Un homme à qui il n'est rien arrivé ne serait pas aussi séduisant. »

Arsène Lupin,
film de Jean-Paul Salomé, 2004.

Arsène Lupin se joue des autres comme de lui-même. Il joue à tout instant, avec tout ce qui peut lui arriver, du plus léger regard comme de la situation la plus dramatique qui peut se dérouler suite à ses plans.

Toujours le bon mot au bord des lèvres, comment pourrait-il se prendre au sérieux quand il mène sa vie comme ses affaires, avec autant de légèreté ? Il n'y a peut-être bien que l'amour qui trouve à ses yeux un accent de gravité et d'enjeu réel. Pour le reste, Arsène illumine sa vie de ses propres artifices, de ses jeux, de ses propres rêves, et de ses drôleries.

Se prendre au sérieux n'est pas important pour lui. C'est se donner une importance inexistante et devoir chaque jour sans cesse regonfler son orgueil et son ego à l'aide d'une pompe à vélo. Ceci n'est pas l'apanage d'un homme de goût, d'un gentleman, d'un homme entier, léger, qui vit, soit, hors-la-loi mais sans compromission.

Il n'est rien de plus handicapant pour soi que de se prendre pour un autre.

Les mythomanes sont légion de nos jours, et chacun d'y aller de sa surenchère de talents, de biens, de réseaux d'influence, et chacun de se prendre pour un paon en arborant une roue en plastique, dont l'éclat des couleurs ternit et se fane au premier rayon de soleil.

Tellement de personnes se prennent au sérieux avec si peu. Les émissions de téléréalité en sont remplies. L'exemple a été donné dans ce qui est devenu presque un slogan dans l'inconscient collectif: « Avec rien, sans rien savoir, ni rien faire, tu peux tout obtenir. » Mais cela n'a fonctionné que pour de rares exemples, et l'immense majorité ne ressort de ce grand vide que pour chuter dans le néant.

Se prendre au sérieux, c'est être déjà arrivé, sans avoir même débuté l'organisation de son plan. C'est même souvent ne pas avoir de plan, et encore plus souvent ne pas avoir d'autre objectif que de paraître, et rester en surface, avec un sourire lisse, à soixante-quatre dents, sans en plus être drôle.

Se prendre au sérieux n'est alors qu'être un carnassier tout juste capable de dévorer les proies qui lui passeront sous le nez, avant de finir lui-même dévoré.

En quoi cela est-il utile pour servir votre objectif? Que de parader pour parader? Que de ne rien construire, mais juste faire semblant de montrer, et surtout ce que vous n'avez pas?

Que de temps perdu, que de mensonges, quand se prendre au sérieux se résume au final par rester figé, avec l'enclume de son ego au pied.

Impossible alors d'imaginer, de s'envoler, de se laisser aller, quand il faut, une fois ce rôle endossé, devoir encore et toujours paraître pour paraître, juste parader. Ne rien poursuivre, ne rien construire, et devoir oublier ce rêve dans le tourbillon du grand carnaval, une immense mascarade où le masque finit par rider.

Se prendre au sérieux, dans ce que l'on est, dans ce que l'on vit et dans ce que l'on projette, c'est dès le départ, abandonner son projet.

Ne vous perdez jamais en chemin en suivant des lumières qui ne sont pas les vôtres.

Face aux événements, toute position peut être prise, toute direction peut être suivie. Mais seule la vôtre sera la bonne pour ce qu'il est de servir votre bonheur.

Et Arsène Lupin m'a murmuré…

« Se prendre au sérieux n'est qu'orgueil.
Se prendre au sérieux, c'est déjà ne pas l'être. »

VOTRE PLAN

En quoi cette attitude, ce talent, cette manière de penser peut-elle servir votre objectif ?

Notez ici ce nouvel élément et ce que vous pouvez en faire pour nourrir votre plan.

Arsène Lupin est un stratège

Miss Nelly : « Mais cependant j'ai entendu dire qu'il n'y a point de voleur qui ne laisse derrière lui un indice quelconque. »
Monsieur d'Andrésy : « Il y en a un : Arsène Lupin. »
Miss Nelly : « Pourquoi ? »
Monsieur d'Andrésy : « Pourquoi ? Parce qu'il ne pense pas seulement au vol qu'il commet, mais à toutes les circonstances qui pourraient le dénoncer. »

Arsène Lupin, Gentleman-cambrioleur – L'arrestation d'Arsène Lupin, Maurice Leblanc, 1907.

Envisager tous les angles d'une situation, toutes les conséquences que peuvent entraîner ses actes, c'est ce que fait Arsène Lupin, qui ne laisse rien au hasard.

Il n'a rien d'une tête brûlée, d'un opportuniste, le moindre de ses faits et gestes est calculé, anticipé. Quand Arsène agit, il est déjà trop tard pour ses ennemis.

Il est comme un joueur d'échecs qui établit une stratégie pointue pour parvenir à ses fins. Stratégie qui doit non seulement réussir et rester invisible jusqu'à la dernière seconde.

Sans stratégie, Arsène ne pourrait réussir.

Si une occasion facile d'augmenter son butin se présente à lui, il la saisira, mais jamais au risque de mettre en péril son plan.

Que faut-il pour, comme lui, devenir un bon stratège ?

Prévoir l'imprévisible et y trouver une issue.

Envisager l'inenvisageable et y trouver une solution.

Avant de s'engager dans un larcin, Arsène balaie toutes les situations qui pourraient se dresser devant lui.

Croire qu'il s'agit d'une étude facile à mener est une erreur, car nous avons tous le même défaut quand nous avons un objectif pour lequel nous tentons d'établir une stratégie :

ne voir que ce qui nous arrange, ne voir que ce que nous pouvons envisager de notre point de vue.

C'est là le grand talent du stratège : imaginer ce qui peut le dépasser et ce qu'il ne peut concevoir lui-même.

Et pour ce faire, il faut sortir de sa zone de confort et de connaissance personnelle, pour percevoir la situation dans laquelle nous nous engageons dans un grand tout. Et pas seulement par la petite lorgnette de notre objectif final, car cela efface de fait de notre champ de vision et d'anticipation, tout ce qui pourrait nous déranger, tout ce qui pourrait nous faire échouer.

C'est bien humain de ne vouloir, ni de ne pouvoir voir les récifs et les hauts fonds qui peuvent briser la coque du navire sur lequel nous nous sommes embarqués. Car à cet instant, nous passons notre temps l'œil rivé à la lorgnette pour fixer la côte, notre objectif, en espérant qu'elle se dessine au loin, sans ne plus rien voir des écueils à quelques encablures, qui pourraient nous faire couler.

Foncer tête baissée offre rarement la victoire, si ce n'est par chance. Mais prévoir, et solutionner tous les revirements et changements qui peuvent survenir au moment où l'on passe à l'action, c'est se donner les clefs d'une réussite assurée.

Il n'est qu'un risque à tout décortiquer, c'est de finir par soi-même s'empêcher d'agir.

Envisager le pire n'est utile que pour y trouver une issue. Mais ne pas l'envisager, c'est prendre des risques inutiles.

Dessiner un plan précis en vue d'atteindre son objectif est déjà en soi une prise de risque, rien ne sert d'avancer à l'aveugle sur ce chemin de surcroît.

Agir en stratège, quel que soit votre projet, c'est servir votre réussite. Il n'est rien à prouver en prenant des risques inutiles, pas plus aux autres qu'à soi.

Et Arsène Lupin m'a murmuré…

«Si la roulette russe est une trajectoire
perdante à tout coup,
la stratégie du fou
est une diagonale qui gagne.»

VOTRE PLAN

En quoi cette attitude, ce talent, cette manière de penser peut-elle servir votre objectif ?

Notez ici ce nouvel élément et ce que vous pouvez en faire pour nourrir votre plan.

DANS LA TÊTE D'ARSÈNE

Assane :

« De tous les arts,
l'illusion est sans doute le plus subtil,
il nécessite toujours un minimum
de doigté. »

Fils :

« Et parfois,
une bonne dose de courage. »

Assane et son fils, échange voix off.

Lupin – Dans l'ombre d'Arsène, série Netflix.

Arsène Lupin est un séducteur

Comtesse Joséphine : « Combien pour la prise de risques ? Vous avez failli vous faire tuer pour moi deux fois en moins de vingt-quatre heures. C'est inhabituel. »
Arsène Lupin : « Mais je suis du genre inhabituel. »
Comtesse Joséphine : « Assez plaisanté, donnez-moi votre chiffre. »
Arsène Lupin : « C'est au-dessus de vos moyens, mais, une nuit avec vous plus la moitié du trésor que vous convoitez me conviendrait tout à fait. »
Comtesse Joséphine : « Vous êtes toujours comme ça ? » [...]
Comtesse Joséphine : « Vous avez cru ce que vous avec entendu ? »
Arsène Lupin : « J'ai cru à tout, alors ne venez surtout pas jouer les briseuses de miracle. »
Comtesse Joséphine : « Désolé mais il n'y a pas de miracle [...]. »
Arsène Lupin : « Vous savez comment le diable s'y prend pour qu'on le laisse tranquille ? Il fait croire à tout le monde qu'il n'existe pas. »
Comtesse Joséphine : « Vous me prenez pour le diable ? »
Arsène Lupin : « Vous en avez la beauté. »

Arsène Lupin,
film de Jean-Paul Salomé, 2004.

Séduire, encore et toujours. Séduire à tout propos, à tout instant par simple désir. Arsène use de ses charmes auprès des femmes de différentes manières pour diverses fins. La femme peut alors devenir l'objectif comme le moyen dans le plan qu'il aura établi. Mais la séduction est pour lui une seconde nature, une arme qu'il utilise y compris auprès des hommes parfois, en les charmant par l'esprit, pour obtenir ce qu'il désire.

Nous utilisons tous la séduction sans parfois nous en rendre compte, mais il arrive que nous oubliions la puissance de ce levier que nous pouvons utiliser consciemment dans notre vie comme pour nos projets.

Séduire n'est pas un calcul, mais comme pour Arsène, une manière d'être, de se tenir, d'évoluer en société. Cette séduction pourra être prise au premier degré, ou comme une simple élégance d'esprit.

Mais il ne faut jamais perdre de vue qu'user de notre séduction à bon escient peut tous nous servir. Même durant un simple appel téléphonique, on peut obtenir beaucoup avec une voix chaude, rassurante et souriante et rien avec un ton froid et cinglant.

Comment vous adressez-vous aux interlocuteurs dont vous avez besoin au quotidien ? Comment vous présentez-vous à eux ? Avec charme, élégance et sourire ? Les regardez-vous dans les yeux ? Notez-vous le petit détail enjôleur de sa tenue vestimentaire comme de sa coupe de cheveux ? Usez-vous d'une pointe d'humour au milieu d'une conversation sérieuse ?

Avez-vous la petite pensée délicate, le petit geste pour l'anniversaire de ceux dont vous attendez une réponse favorable ? Félicitez-vous ce potentiel partenaire pour la victoire ou l'avancement qu'il a obtenu dans sa carrière ou le domaine qui lui tient à cœur ?

Êtes-vous en capacité de le surprendre par certaines facettes de vous-même qui pourraient le séduire ? Comme de connaître certaines de ses passions, de ses goûts qui pourraient l'étonner ?

Lui portez-vous de l'intérêt ? De l'écoute ?

C'est tout cela qu'il faut garder en tête et beaucoup plus pour séduire. Et c'est un outil puissant, quel que soit le domaine, pour faire avancer parfois à pas de géant votre projet, comme pour ouvrir en grand des portes sur lesquelles jusqu'ici vous vous cassiez le nez.

Et Arsène Lupin m'a murmuré...

«Séduire n'est pas tricher.
Séduire c'est savoir combler.»

VOTRE PLAN

En quoi cette attitude, ce talent, cette manière de penser peut-elle servir votre objectif ?

Notez ici ce nouvel élément et ce que vous pouvez en faire pour nourrir votre plan.

Arsène Lupin a toujours un coup d'avance

« Ses talents extraordinaires, Lupin les utilise pour commettre ses larcins. Aucun obstacle ne peut contrecarrer ses plans. Mais son plus grand talent sans aucun doute, c'est d'avoir toujours un coup d'avance. »

Assane, voix off.

Lupin – Dans l'ombre d'Arsène,
série Netflix.

Tel un joueur d'échecs, en bon stratège comme nous l'avons vu, Arsène Lupin devance toujours ses adversaires de plusieurs coups, en prenant soin de ne jamais dévoiler sa stratégie.

Il ne réagit que rarement, seulement en cas d'urgence. Car c'est lui-même qui a positionné les pièces sur l'échiquier et donc créé la situation.

Il sait ce qu'il doit faire et comment la partie adverse va réagir. En s'adaptant peu aux circonstances, il va à la conquête de son trésor – comme le joueur d'échecs élimine les pièces – et avance vers le roi adverse.

Arsène Lupin joue avec les blancs comme on dit aux échecs, c'est toujours lui qui joue en premier. Puisqu'il est l'auteur du cambriolage, il a toujours un coup d'avance et la police ne peut se positionner qu'en réaction, en défense, même face à ses fantaisies, lorsqu'il va jusqu'à annoncer l'heure, le jour et l'endroit où son prochain forfait va se dérouler.

Et si vous aussi vous vous mettiez à jouer aux échecs avec les blancs ?

Personne ne connaît vos désirs, votre projet secret, personne ne peut donc comprendre les raisons pour lesquelles vous allez agir de telle manière ou vous mettre à apprendre telle matière.

Si par exemple, vous entreprenez une formation complémentaire à votre métier, est-il nécessaire d'en parler à tout-va ?

Si votre but est de rafler la mise en visant le poste à l'échelon supérieur qui va se libérer dans votre entreprise, qu'est-il de plus utile pour servir votre objectif : parler à longueur de temps de cette formation autour de la machine à café avec vos collègues – potentiels concurrents –, ou ajouter cette ligne de compétence à votre *curriculum vitae* en toute discrétion ? Ligne nécessaire pour postuler à ce poste tant convoité, pour lequel autour de vous, personne ne se sera préparé.

C'est cela jouer avec les blancs.

Se préparer, anticiper, être un stratège, est nécessaire comme nous l'avons vu, mais avoir toujours un coup d'avance sur ses adversaires, ses concurrents ou le marché, vous permettra de toujours rester dans le peloton de tête, et comme on dit dans le monde du cyclisme, d'être prêt au bon moment pour tenter une échappée.

Soyez prêt, soyez à l'écoute de tout ce qu'il se passe autour de vous, continuez d'apprendre. Montrez qui vous êtes, vos capacités, mais ne dites pas tout.

Gardez toujours quelques atouts, quelques talents que vous seul connaissez. Vous pourrez ainsi vous assurer effet de surprise et étonnement, quand personne ne se serait douté que vous possédiez telle connaissance ou tel talent.

Savoir préserver un peu de secret, et ne pas tout étaler vous permettra également par moments, d'être force de propositions face à une situation à solutionner.

Savoir est un grand pouvoir, et ne pas tout dire permet de conserver cet avantage.

Avoir un coup d'avance, c'est se donner la chance de pouvoir percer, quand les autres seront encore en train de piétiner.

Et Arsène Lupin m'a murmuré...

« Les perles de votre vie seront celles
dont vous vous serez saisi contre toute attente,
sans faire de mal. »

VOTRE PLAN

En quoi cette attitude, ce talent, cette manière de penser peut-elle servir votre objectif ?

Notez ici ce nouvel élément et ce que vous pouvez en faire pour nourrir votre plan.

....
....
....
....
....
....
....
....
....
....
....
....
....
....
....
....
....
....
....
....
....
....
....
....
....
....
....
....
....
....
....

Arsène Lupin tient ses promesses et ses engagements

«Je peux te demander un truc? Tu te démerdes comme tu veux, mais tu fais sourire ma femme.»

Étienne Comet à Assane

*Arsène déposa alors en toute discrétion une des sept pierres démontées du collier dérobé chez la femme d'*Étienne Comet*.*

Lupin – Dans l'ombre d'Arsène,
série Netflix.

Et, la veille du procès, un monsieur se présenta dans les bureaux du Grand Journal, *demanda le collaborateur judiciaire, lui jeta sa carte au visage, et s'éloigna rapidement. Sur la carte, ces mots étaient inscrits :*
«Arsène Lupin tient toujours ses promesses.»
C'est dans ces conditions que les débats s'ouvrirent.

Arsène Lupin, Gentleman-cambrioleur – L'évasion d'Arsène Lupin,
Maurice Leblanc, 1907.

Arsène Lupin est loyal, il tient ses engagements, sa parole. Que ce soit pour honorer la mémoire de son nouvel ami, comme pour défier les instances judiciaires, Arsène est au rendez-vous de ses promesses.

À bien l'observer, il y a parfois plus de droiture chez un voleur comme Arsène, que chez beaucoup d'honnêtes hommes qui clament leur intégrité à qui veut l'entendre.

Comme le dit Assane : « Finalement, Arsène Lupin est un loup solitaire qui de temps en temps, fait appel à ses amis. À la morale parfois douteuse, mais à la loyauté infaillible. »*

En quoi cela peut-il vous être utile dans votre plan, dans votre vie plus largement ? C'est assez simple en réalité, puisqu'il s'agit là d'une grille de jugement commune à tous.

Êtes-vous quelqu'un de confiance ? De parole ? Peut-on compter sur vous ? Tenez-vous vos délais et vos engagements ? Du plus grand secret à préserver, à la promesse faite à votre enfant de l'emmener voir les éléphants ? Ou…

Avez-vous l'image de quelqu'un qui n'est jamais au rendez-vous de la confiance qu'on lui a accordé ?

* *Lupin – Dans l'ombre d'Arsène*, série Netflix.

Cette grille de jugement est simple, instinctive et partagée par tous. En ce sens, elle est puissante, car si l'on peut croire en vous, en votre parole, alors, de cette image stable et droite qui émanera de chacun de vos actes ou de vos demandes, vous pourrez tout demander, tout recevoir, tout atteindre.

Comment cultiver cette image positive auprès de votre entourage ?

Être volontaire et faire.

Pourquoi ne pas proposer vos services pour de nouvelles responsabilités ? Et bien sûr, tenir votre engagement avec succès.

Pourquoi ne pas prouver que vous êtes une personne responsable, équilibrée, et que vous saurez construire, accompagner et soutenir la famille que vous désirez tant fonder avec l'être aimé, en vue d'une demande en mariage ?

Pourquoi ne pas assainir vos dépenses et votre train de vie financier chaotique, alors que vous désirez obtenir le crédit nécessaire pour bâtir votre entreprise comme nouveau tournant de vie ?

Il s'agit plus que d'une image que vous projetez, mais de votre réputation, de la personne que les autres vont côtoyer et sur laquelle ils pourront s'appuyer.

Être de parole ne s'achète pas. Cela se construit pas à pas, dans le moindre de vos actes. Il ne faut jamais l'oublier, car même quand on a peu, il nous reste tout cela. Un trésor bien plus précieux que tout l'or du monde.

Et Arsène Lupin m'a murmuré...

« Votre parole vaut de l'or.
Ne la trahissez jamais. »

VOTRE PLAN

En quoi cette attitude, ce talent, cette manière de penser peut-elle servir votre objectif ?

Notez ici ce nouvel élément et ce que vous pouvez en faire pour nourrir votre plan.

Discussion avec Arsène

Il est minuit ou presque. Je me tourne vers Arsène.

—Bonsoir Arsène. J'ai fait un vœu en entamant cet ouvrage. Le vœu d'aider et d'accompagner chaque personne parcourant ces lignes, à la réalisation de ses rêves en prenant exemple sur ta manière d'agir. Mais cela est-il possible pour tous ?

—On ne peut aider tout le monde. Mais on peut sauver ceux que l'on choisit. Et ceux qui veulent s'aider eux-mêmes. Le mieux est de traiter les gens comme on aimerait qu'ils nous traitent. Ce que je m'applique à faire. Je tente de les élever, de les porter, et c'est eux qui finissent par m'élever.

—J'aimerais tellement que ta forme d'esprit et ta capacité à agir puissent inspirer chaque personne à se réaliser pleinement.

—Je pourrais te dire que tout est possible, mais en réalité, tout ne dépend que de chacun d'entre nous. On se voit trop grand, trop petit, mais personne n'a jamais idée à quel point il va grandir une fois le premier pas posé sur le chemin de sa vie. Il faut attendre, faire, réfléchir et faire encore.

—Aurais-tu un conseil à glisser ici à ceux qui te lisent ?

—Un conseil, non… Plutôt une observation…

—Laquelle ?

—Vous avez tout, mais sans vous, vous n'êtes rien. Soyez vous, soyez tout. Faites-vous confiance. Et faire confiance, c'est prendre un risque. Mais est-il un autre choix ?

Arsène Lupin force l'admiration

M. Devanne : « Vous l'avez donc vu ? »
Herlock Sholmès : « Nous nous sommes croisés tout à l'heure. »
M. Devanne : « Et vous saviez que c'était Horace Velmont, je veux dire Arsène Lupin ? »
Herlock Sholmès : « Non, mais je n'ai pas tardé à le deviner… à une certaine ironie de sa part. »
M. Devanne : « Et vous l'avez laissé échapper ? »
Herlock Sholmès : « Ma foi, oui… j'avais pourtant la partie belle… cinq gendarmes qui passaient. »
M. Devanne : « Mais sacrebleu ! C'était l'occasion ou jamais de profiter… »
Herlock Sholmès : « Justement, monsieur, quand il s'agit d'un adversaire comme Arsène Lupin, Herlock Sholmès ne profite pas des occasions… il les fait naître… »

Arsène Lupin, Gentleman-cambrioleur – Herlock Sholmès arrive trop tard,
Maurice Leblanc, 1907.

Forcer l'admiration… En sillonnant la vie et les aventures d'Arsène, comme pour Herlock Sholmès, c'est bien la première pensée qui me vient à l'esprit.

Qu'est-ce que signifie «forcer l'admiration», que ce soit pour Arsène comme pour vous demain ou dès à présent?

C'est un état, une manière d'être, de vivre, qui fait consensus auprès de toutes les personnes qu'Arsène Lupin côtoie.

Que l'on aime ou pas Arsène, il ne laisse jamais personne indifférent. Il irradie, il imprègne, il marque les esprits, il étonne et surprend. Il est ce que chaque personne qu'il a pu croiser, aimerait être.

On l'observe, on le suit, on le scrute, mais il évolue dans une sphère qui paraît tellement supérieure aux capacités de chacun, qu'il n'en est même plus jalousé, juste admiré.

On envie ce qu'on se croit capable de copier, d'égaler. Mais on admire ceux qui volent bien au-dessus des sommets de l'Everest.

De cet état, de cette image qu'il projette, Arsène en retire un bénéfice supplémentaire: la foi. Car lorsqu'il parle, on le croit. C'est une arme redoutable dont il usera souvent pour abuser de la crédulité de la police comme de ses cibles.

Alors vous me direz : magnifique ! Mais forcer l'admiration peut-il se calculer, se travailler ? Et est-ce vraiment utile ?

Vous allez changer d'attitude, de manière de vous exprimer, de vous tenir, sans même avoir besoin de jouer un rôle. Au fur et à mesure les premières pièces de votre plan se mettront en place et le laisseront se dérouler.

Vous allez entrer progressivement dans la peau de la personne et des rêves que vous serez demain. Et le regard des autres sur vous va changer lui aussi.

Imprégnez-vous de la nouvelle personne que vous êtes en train de construire, ou simplement de faire émerger du plus profond de votre cœur. Enfilez son costume, cet habit idéal qui vous met en valeur, à la hauteur de la personne que vous êtes.

Détachez-vous des regards d'hier, et suivez votre chemin sans un seul instant vous laisser influencer par quiconque.

Forcer l'admiration, c'est forcer le respect.

Forcer l'admiration, c'est aussi par ricochet, vous attirer les bonnes grâces comme les aides de ceux qui vous observeront en train d'avancer sur votre route, sans jamais vous en écarter. Ils voudront pour certains vous aider, comme s'ils vivaient un peu votre projet, votre rêve, par procuration.

En actant chaque étape de votre plan, vous allez muer, telle une chenille qui deviendra papillon.

Vous deviendrez magnétique, vous serez désiré, et de cet état, vous pourrez tirer parti pour faire évoluer votre objectif bien au-delà de ce que vous pensez aujourd'hui.

Et Arsène Lupin m'a murmuré...

« J'aurais aimé être un autre.
C'est ce que je suis devenu. »

VOTRE PLAN

En quoi cette attitude, ce talent, cette manière de penser peut-elle servir votre objectif ?
Notez ici ce nouvel élément et ce que vous pouvez en faire pour nourrir votre plan.

....

Arsène Lupin assume ses actes

Arsène Lupin : « Mais oui, monsieur le juge, nous sommes d'accord : le vol du Crédit Lyonnais, le vol de la rue de Babylone, l'émission des faux billets de banque, l'affaire des polices d'assurance, le cambriolage des châteaux d'Armesnil, de Gouret, d'Imblevain, des Groseilliers, du Malaquis, tout cela, c'est de votre serviteur. »
Le juge : « Alors, pourriez-vous m'expliquer… »
Arsène Lupin : « Inutile, j'avoue tout en bloc, tout, et même dix fois plus que vous n'en supposez. »

Arsène Lupin, Gentleman-cambrioleur – L'évasion d'Arsène Lupin,
Maurice Leblanc, 1907.

Pourquoi se cacherait-il ? Pourquoi nierait-il ?

Il aime ce qu'il est, il aime ce qu'il fait. Arsène suit sa vocation de cambrioleur comme un style de vie à part entière. Pourquoi n'en assumerait-il pas les plus beaux apparats comme les pires revers et conséquences ?

Arsène est entier, en aucune manière il ne peut serpenter avec ce qui fait son identité propre, unique.

Cela ne vaut-il que pour les voleurs ? Même si l'on est un gentleman-cambrioleur ?

Sans grande surprise, assumer ses actes est valable pour tout dans nos vies, quel que soit notre métier, nos activités, légales ou illégales. Nos petits mensonges comme notre grande franchise. Il y a toujours un revers de la médaille dans tout ce que nous entreprenons, dans tout ce que nous sommes, impossible d'y échapper.

À la différence d'Arsène pourtant, sommes-nous toujours si enclins à accepter sans battre d'un cil toutes les conséquences de nos attitudes et de nos actes ? Tout ce que cela va engendrer dans nos vies comme les répercussions sur notre entourage ?

Pas toujours en effet, il faut bien se l'avouer.

Et pourtant, assumer est le seul moyen de pouvoir accepter, parfois le meilleur mais aussi le pire des conséquences de nos actions.

Il faut faire, oui, agir, mettre en œuvre, et ceci pour établir notre plus beau plan de bonheur dans nos vies respectives.

Mais toutes ces actions entraînent dans l'immense roue de la nécessité des retours de flamme parfois durs à avaler.

Partir sur les routes toute la semaine pour développer votre activité, mais… ne plus voir vos enfants que le week-end.

Travailler jusqu'à des heures indues, comme le week-end, mais… ne plus avoir de vie sociale.

Passer son temps à «profiter de la vie», mais… souffrir de ne pouvoir payer des factures qui se cumulent mois après mois.

Rejoindre et s'installer avec l'être aimé à l'autre bout du pays mais… devoir sacrifier son poste, et souffrir de se retrouver loin de sa famille et de ses amis.

Toute action entraîne une réaction comme chacun sait. Dans le fait d'assumer ses actes, il s'agit de définir les conséquences que vous allez engendrer.

Dans votre plan ci-dessous, notez les phénomènes qui vont survenir suite à vos décisions, non pas pour vous décourager, mais juste pour en prendre pleinement conscience, les accepter et assumer dans son entièreté les changements à venir.

Et Arsène Lupin m'a murmuré…

« Il n'est pas de changement sans sacrifice. »

VOTRE PLAN

En quoi cette attitude, ce talent, cette manière de penser peut-elle servir votre objectif ?

Notez ici ce nouvel élément et ce que vous pouvez en faire pour nourrir votre plan.

Arsène Lupin est arrogant

Arsène Lupin : « Je voulais oublier d'abord. Ne ris pas : l'aventure avait été charmante, et j'en ai gardé encore le souvenir attendri… Et puis, je suis quelque peu neurasthénique ! La vie est si fiévreuse, de nos jours ! Il faut savoir, à certains moments, faire ce que l'on appelle une cure d'isolement. Cet endroit est souverain pour les régimes de ce genre. On y pratique la cure de la Santé dans toute sa rigueur. »
Inspecteur Ganimard : « Arsène Lupin, tu te paies ma tête. »
Arsène Lupin : « Ganimard, nous sommes aujourd'hui vendredi. Mercredi prochain, j'irai fumer mon cigare chez toi, rue Pergolèse, à quatre heures de l'après-midi. »
Inspecteur Ganimard : « Arsène Lupin, je t'attends. »

Arsène Lupin, Gentleman-cambrioleur – Arsène Lupin en prison,
Maurice Leblanc, 1907.

L'arrogance, travers humain si décrié de nos jours quand, à l'époque d'Arsène, il relevait alors plus du jeu, du pari.

Être arrogant ne signifie pas être méprisant, tel que le terme le laisse prétendre aujourd'hui.

Être arrogant c'est parier sur soi, contre toute attente, contre tous les codes qui régissent la société, notre vie professionnelle, personnelle… Bref, toute notre vie.

Être arrogant de nos jours relève plus de l'estime de soi que de toute considération sociale, tant les murs de la bien-pensance nous empêchent de pouvoir relever la mèche devant quoi que ce soit.

L'arrogance est peut-être aujourd'hui l'ultime bastion des Hommes libres, qui savent ce qu'ils veulent, et qui l'entreprennent, quel que soit le sens dans lequel la girouette aura tourné.

Je le répète, être arrogant ne relève pas du mépris comme on tente de nous le faire croire. Être arrogant aujourd'hui, c'est faire fi de toutes les contraintes qui pourraient entraver le projet que nous nourrissons, sans tenir compte de règles établies, règles qui ne valent qu'à l'instant t, celui de l'interdit.

Alors, faire preuve par moments d'un peu d'arrogance, n'est-ce pas faire preuve d'un peu de panache, de liberté d'esprit, dans un monde dont l'esprit global n'est plus qu'un Chamallow que l'on plante au bout d'une pique, pour finir par le brûler au-dessus d'un feu qui crépite ?

Osez-vous vraiment dire ce dont vous avez envie ? Osez-vous l'imposer comme votre nature profonde, comme le cœur de votre vie ?

Osez-vous être ce que vous êtes, assumer ce que vous faites, ce que vous désirez le plus au monde ?

Osez-vous apparaître sous vos plus beaux attraits, quand les codes de votre environnement familier vous dictent de ne venir déjeuner que dans votre tenue la plus « cool », presque tombé du lit ?

Qu'est-ce que l'arrogance aujourd'hui, sinon une profonde estime et affirmation de soi, de ses désirs, de ses rêves de vie ?

En quoi alors est-ce condamnable ? Hormis par les esprits les plus fermés, perfusés à la normalité.

En quoi devez-vous tenir compte de ces avis, de ces réflexions, répétés en cadence par une armée de moutons, qui au final, vous envie ?

Et Arsène Lupin m'a murmuré...

« Soyez arrogant devant les minces esprits,
vous n'en serez que plus brillant,
que plus en vie. »

VOTRE PLAN

En quoi cette attitude, ce talent, cette manière de penser peut-elle servir votre objectif ?

Notez ici ce nouvel élément et ce que vous pouvez en faire pour nourrir votre plan.

DANS LA TÊTE D'ARSÈNE

Assane :

« Finalement, peu importe la manière, car seul compte le résultat. »

Fils :

« Et évidemment, le plaisir d'avoir trompé son monde. »

Assane et son fils, voix off

Lupin – Dans l'ombre d'Arsène, série Netflix.

Arsène Lupin est résolu, déterminé

Arsène Lupin : « Mon Dieu, mon Dieu, à quoi bon ! Toutes ces questions n'ont aucune importance. »
Le juge : « Comment, aucune importance ? »
Arsène Lupin : « Mais non, puisque je n'assisterai pas à mon procès. »
Le juge : « Vous n'assisterez pas... »
Arsène Lupin : « Non, c'est une idée fixe, une décision irrévocable. Rien ne me fera transiger. »
Une telle assurance, les indiscrétions inexplicables qui se commettaient chaque jour, agaçaient et déconcertaient la justice.

Arsène Lupin, Gentleman-cambrioleur – L'évasion d'Arsène Lupin,
Maurice Leblanc, 1907.

Résolu, déterminé à atteindre son but, c'est ainsi qu'Arsène fonctionne, envers et contre tout, allant par cet état d'esprit jusqu'à désarçonner ses contradicteurs comme ses ennemis.

Qui peut se permettre d'être aussi sûr de lui, de ses dires ? Arsène. Arsène et la conviction inébranlable qu'il a en ses projets, Arsène et la confiance inaltérable qu'il a en lui.

En quoi les événements comme les éléments qui s'agitent autour de lui pourraient la moindre seconde le faire hésiter, chanceler ?

En quoi le fonctionnement de ce monde, qu'il dépasse d'une tête, pourrait le faire douter du bien-fondé de sa démarche comme de ses envies ?

C'est en cela qu'Arsène est résolu et déterminé jusqu'au bout des ongles dans ses projets.

Fin prêt à toute éventualité, il n'envisage pas un instant devoir subir encore les affres du monde extérieur qui pourraient venir perturber ses plans.

Qui peut lutter contre une telle volonté, une telle certitude ?

Comment contrecarrer une conviction si profonde, si ancrée en lui ? Impossible. Cela est tout bonnement impossible, avec les faibles armes à la psychologie émoussée, dont disposent ses ennemis.

Même les agents de la plus haute sécurité gouvernementale le savent, quand il s'agit d'assurer la protection d'une personnalité : on ne peut rien contre la volonté toute puissante d'un homme seul, prêt à tout.

C'est de ce levier dont Arsène s'est armé, c'est cette volonté qu'il a construit jour après jour. Devant une personne résolue, le lambda moyen ne peut qu'observer, subir, et échouer dans ses tentatives pour le contrecarrer.

L'inspecteur Ganimard ne peut rien contre Arsène, car il n'est pas, même s'il le pense, aussi déterminé que lui pour parvenir à ses fins. Herlock Sholmès peut y prétendre car, comme Arsène, il a fait de la détermination une puissance absolue pour mener ses enquêtes.

Sommes-nous tous aussi déterminés qu'Arsène pour mener à bien notre projet ? Sommes-nous tous aussi résolus que lui à sacrifier tout ce qu'il est nécessaire pour gagner ?

Voilà une sage question à nous poser, avant de faire le premier pas, de prendre tous les risques.

Ce n'est pas au milieu du gué qu'il faut se demander si l'on sait nager.

Alors, votre projet en vaut-il la peine ? Reflète-t-il tout ce que vous êtes ? Est-il à la hauteur de tous vos rêves ? Êtes-vous prêt pour lui, à tout donner ?

Si oui, il vous faut alors savoir faire table rase du passé, car vous êtes ce que vous décidez.

Et Arsène Lupin m'a murmuré…

« Être déterminé,
c'est être capable de tout donner. »

VOTRE PLAN

En quoi cette attitude, ce talent, cette manière de penser peut-elle servir votre objectif ?

Notez ici ce nouvel élément, ce que vous pouvez en faire pour nourrir votre plan.

Arsène Lupin se prépare longuement

L'inspecteur Ganimard : « Alors, c'était toi qui étais là-bas ? C'est toi qui es ici ! »
Arsène Lupin : « Moi, toujours moi, uniquement moi. »
L'inspecteur Ganimard : « Est-ce possible ? »
Arsène Lupin : « Oh ! point n'est besoin d'être sorcier. Il suffit, comme l'a dit ce brave président, de se préparer pendant une dizaine d'années pour être prêt à toutes les éventualités. »
L'inspecteur Ganimard : « Mais ton visage ? Tes yeux ? »
Arsène Lupin : « Tu comprends bien que, si j'ai travaillé dix-huit mois à Saint-Louis avec le docteur Altier, ce n'est pas par amour de l'art. J'ai pensé que celui qui aurait un jour l'honneur de s'appeler Arsène Lupin devait se soustraire aux lois ordinaires de l'apparence et de l'identité. L'apparence ? Mais on la modifie à son gré. [...] Tel procédé chimique agit sur la pousse de votre barbe. [...] Joins à cela deux mois de diète dans la cellule n° 24, des exercices mille fois répétés pour ouvrir ma bouche selon ce rictus, pour porter ma tête selon cette inclinaison et mon dos selon cette courbe. Enfin cinq gouttes d'atropine dans les yeux pour les rendre hagards et fuyants, et le tour est joué. »

Arsène Lupin, Gentleman-cambrioleur – L'évasion d'Arsène Lupin,
Maurice Leblanc, 1907.

Des heures, des semaines, des mois à étudier le terrain, à peaufiner chaque détail, à ne rien laisser au hasard, c'est ainsi qu'Arsène se prépare pour chacun de ses cambriolages.

Minutie, expertise, entraînement, apprentissage d'une connaissance manquante, recherches historiques, rien ne lui échappe. Chaque effort est compté, mais devant l'enjeu final, pour lui, le coût du travail s'efface, juste pour la beauté du geste.

Il n'est pas d'autre façon de faire pour lui, pour s'assurer le succès de ses entreprises.

Le travail en vaut la peine, et la peine vaut le travail.

Arsène est comme un athlète qui s'entraîne pour les Jeux Olympiques, avec de la sueur, du sang et des larmes, même si comme tout athlète, il les cache.

Être le meilleur dans sa partie nécessite une opiniâtreté et un engagement à 200 %, que l'on élabore le casse du siècle ou que l'on lance sa start-up pour coloniser Mars.

Les seules questions, face à cette nécessité, restent pour chacun d'entre nous : jusqu'où sommes-nous prêts à aller pour mener à bien notre projet ? Jusqu'à quel point sommes-nous engagés à travailler en grignotant sur notre temps de loisir comme notre temps de repos, pour maîtriser notre matière ? Et enfin, combien de semaines, de mois, parfois d'années, sommes-nous prêts à nous investir de la sorte pour qu'enfin émerge du néant notre rêve ?

Combien de temps encore pour décider de tracer votre propre chemin ?

Le temps nécessaire à vous préparer, à digérer votre vie et votre expérience d'hier, le temps nécessaire à apprendre, à vous engager, et une fois sur votre voie, à ne plus vous en écarter, jusqu'au terminus de votre succès.

Et Arsène Lupin m'a murmuré…

« Pour traverser la vie en diagonale,
il faut s'en donner les moyens.
Cela se décide maintenant.
De là s'ouvre le chemin.
Si vous voulez réussir, préparez-vous. »

VOTRE PLAN

En quoi cette attitude, ce talent, cette manière de penser peut-elle servir votre objectif ?

Notez ici ce nouvel élément et ce que vous pouvez en faire pour nourrir votre plan.

Arsène Lupin est un joueur

« Tout cela avait un air de prodige, et dénonçait bien la manière humoristique d'Arsène Lupin, cambrioleur, soit, mais dilettante aussi. Il travaillait par goût et par vocation, certes, mais par amusement aussi. Il donnait l'impression du monsieur qui se divertit à la pièce qu'il fait jouer, et qui dans la coulisse, rit à gorge déployée de ses traits d'esprit, et des situations qu'il imagine. »

Arsène Lupin, Gentleman-cambrioleur – L'arrestation d'Arsène Lupin, Maurice Leblanc, 1907.

Manipulateur, jongleur d'idées, perturbateur d'esprit, illusionniste, Arsène Lupin s'amuse de ce qu'il fait, en amont comme en aval de son larcin et aussi pendant (surtout pendant).

Il se grise des pièges tendus, des faux-semblants utilisés, de sa capacité de transformation physique, pour se retrouver au plus près de l'action, souvent témoin du forfait que lui-même a fomenté et réalisé quelques heures auparavant.

Acteur et spectateur à la fois, Arsène Lupin se joue des autres, et sans ce plaisir, il n'est pas certain que ses méfaits de cambrioleur aient eu la même saveur.

Il conçoit ses entreprises comme des jeux de dupes, des jeux de l'esprit. Son ennemi favori, l'inspecteur Ganimard, est pour lui une sorte de marionnette avec laquelle il peut jouer à l'infini.

Il est le témoin et l'acteur volontaire de nombre de ses plans de cambriolage, une sorte de miroir avec lequel Arsène aime se confronter et se mettre en danger.

Dans nombre de ses histoires, il est arrivé qu'Arsène restitue le butin pour le regard d'une dame qu'il chérissait. Pour lui, voler n'a plus de valeur quand il ne peut plus en rire, et que pointe le regret dans son cœur.

Arsène Lupin agit par envie, envie de spectacle tout autant que par appât du gain. Les deux sont toujours intimement liés pour lui.

Il s'amuse de lui-même comme des autres. C'est de cette légèreté que naît en partie son talent pour ce qu'il fait. Sans gravité aucune, mais avec toute la concentration et les précautions nécessaires, il se divertit des risques qu'il prend, tout autant que des duperies qu'il a calculées pour tromper son monde.

Léger, savoir rester léger et jouer dans tout ce que l'on entreprend, voilà une manière d'être et de faire dont nous pouvons prendre bonne note, quel que soit notre projet.

Quel est le point commun à tout type de projet que vous avez pu entreprendre, ou que vous rêvez d'accomplir ?

Vivre mieux, être heureux et prendre du plaisir dans l'avenir à travers cet accomplissement. Personne ne travaille à un rêve qui va le rendre malheureux ! C'est toujours pour le mieux que l'on veut faire, être, gagner et se dépasser !

Alors, si ce rêve qui vous porte est là pour vous amener de grands bonheurs dans un lendemain meilleur, pourquoi ne pas faire ce chemin comme Arsène, en sautillant, en vous amusant, et en arborant dès aujourd'hui dans la moindre de vos actions ce large sourire.

Quel que soit votre projet, inutile d'attendre son aboutissement pour y prendre du plaisir, quand le chemin est peut-être l'élément le plus important dont vous vous souviendrez *a posteriori*.

Ce chemin, ce plan que vous êtes en train de mettre en place, en y ajoutant peut-être à cet instant, une part de jeu, une part de plaisir, et nombre de rires.

Et Arsène Lupin m'a murmuré…

« N'oubliez jamais de vous amuser,
de prendre du plaisir dans ce que vous faites.
Sinon, cela ne présente aucun intérêt. »

VOTRE PLAN

En quoi cette attitude, ce talent, cette manière de penser peut-elle servir votre objectif ?

Notez ici ce nouvel élément et ce que vous pouvez en faire pour nourrir votre plan.

Discussion avec Arsène

Il est minuit ou presque. Je me tourne vers Arsène.

— Si tu avais le choix Arsène, recommencerais-tu ta vie telle que tu l'as construite ?

— Si j'avais le choix ? Mais qui a le choix ? Je n'ai fait que suivre le chemin pour lequel j'étais fait. Tout ce qui m'a construit. Et c'est déjà en soi un travail d'acceptation et de joies suffisant pour avoir à regretter quoi que ce soit.

— Sans regret alors ?

— Aucun. Si j'en avais l'once d'un, alors j'aurais le désir de retoucher certains instants. Mais en réalité, tout a été nécessaire, utile. Tout ce que j'ai fait, tout ce qui est arrivé ne correspondait qu'à ma conviction et aux conséquences de ma volonté. Hormis être malhonnête, qui pourrais-je blâmer ? Je ne peux que remercier la vie et me féliciter de ce que j'ai accompli.

— Ne reste qu'à avoir confiance en la vie et croire alors ? Est-ce si simple que cela ?

— Presque oui.

— C'est-à-dire ?

— On croit en l'Homme, puis on croit en un dieu. Et pour finir, on croit en soi. C'est face à ton miroir que tu parles. À présent tu es Arsène, quoi que tu fasses, quoi que tu vives, tu es une partie de moi. Ne te reste qu'à croire.

Arsène Lupin a du panache

Mme de Dreux : « Monsieur, la légende veut que Rétaux de Villette, quand il eut le collier de la reine entre les mains et qu'il en eut fait sauter tous les diamants avec Jeanne de Valois, n'ait point osé toucher à la monture. Il comprit que les diamants n'étaient que l'ornement, l'accessoire, mais que la monture était l'œuvre essentielle, la création même de l'artiste, et il la respecta. Pensez-vous que cet homme ait compris également ? »
Chevalier Floriani : « Je ne doute pas que la monture existe. L'enfant l'a respectée. »
Mme de Dreux : « Eh bien ! Monsieur, s'il vous arrive de le rencontrer, vous lui direz qu'il garde injustement une de ces reliques qui sont la propriété et la gloire de certaines familles, et qu'il a pu en arracher les pierres sans que le collier de la reine cessât d'appartenir à la maison de Dreux-Soubise. Il nous appartient comme notre nom, comme notre honneur. »
Chevalier Floriani : « Je lui dirai, madame. [...] *le lendemain* l'Écho de France *publiait* [...] :
« Le collier de la reine, le célèbre bijou dérobé autrefois à la famille de Dreux-Soubise, a été retrouvé par Arsène Lupin. Arsène Lupin s'est empressé de le rendre à ses légitimes propriétaires. On ne peut qu'applaudir à cette attention délicate et chevaleresque. »

Arsène Lupin, Gentleman-cambrioleur – Le collier de la reine, Maurice Leblanc, 1907.

Faire pour faire n'est pas grand-chose. Faire pour soi est déjà beaucoup, mais faire avec panache, voilà qui permet de graver quelques lignes de sa vie à jamais et parfois même dans l'Histoire.

Faire avec panache est aussi l'apanage des gentlemen. Cela relève tout autant de la finesse d'esprit, de la démonstration géniale que du spectacle mis en scène.

Il s'agit là pour Arsène d'une forme de signature de son talent comme de sa grandeur d'âme.

Voler pour voler n'est pas un but en soi pour lui. Mais dérober avec style, surtout ceux qui ne méritent pas la propriété de leurs biens, relève plus du défi, du beau geste, presque d'une forme de justice également pour lui.

Chaque vol d'Arsène relève du génie car il y met les formes. Et cela compte tout autant pour lui que le butin qu'il emmène.

C'est cette manière de faire qui lui confère l'admiration, même de ses ennemis, comme l'inspecteur Ganimard ou Herlock Sholmès.

La délicatesse, le style et l'esprit l'emporte sur le larcin. C'est ce panache qui lui octroie l'admiration des foules, qui suivent ses aventures dans les journaux, non comme un voleur, mais presque comme un héros.

Arsène a du panache dans son domaine, car il n'est pas un vulgaire voleur, il y met son cœur. Ses cambriolages relèvent plus du tour de magie que de l'acte criminel. Un véritable tour de passe-passe, quand chacun attend dans nombre de ses aventures, qu'à nouveau il se manifeste avec éclat.

Que pouvons-nous en retirer sur notre manière de faire?

Quel que soit le métier que nous pratiquons, chacun a eu l'occasion de devoir frayer avec les esprits petits, les grattes-misère, les calculateurs à la petite semaine, qui sont prêts à toutes les bassesses pour servir leurs petits intérêts, souvent à notre dépens.

Chacun a eu l'occasion à de multiples reprises de devoir subir leurs stratagèmes pitoyables, quand ils les croyaient géniaux, et chacun a du parfois se taire, devant la bêtise crasse de ce genre de personnage.

Se taire est aussi une forme de panache quand on a affaire à ces besogneux du calcul ridicule. Mais se taire ne signifie pas devoir subir.

Et en ce qui concerne vos plans d'avenir, je ne vois que du bénéfice pour chacun désirant se lancer dans son projet à le faire avec grandeur et panache.

Rien ne sert de se compromettre dans les petits arrangements faciles. Que ce soit avec soi-même comme avec les autres, cela ne paye jamais.

Aujourd'hui la mode est au zapping et au «prêt à jeter» dans beaucoup de domaines. Cette tendance qui ne donne pas de valeur réelle à la production, ne permet pas d'avoir de l'enthousiasme ni de la passion.

Le projet de votre vie, votre rêve, ne mérite-t-il pas d'être réalisé avec grandeur et enthousiasme? Avec beauté, désir et charme?

Et comment, sans ce panache, pensez-vous pouvoir emmener avec vous les personnes dont vous avez besoin, comme celles qui vous sont chères ?

Et comment, sans ce supplément d'âme que vous apporterez dans tout ce que vous entreprendrez, pourrez-vous séduire, envoûter, et enfin être reconnu et éclater au grand jour dans ce que vous faites ?

Et Arsène Lupin m'a murmuré...

« Le diamant que tu voles ne vaut rien
si le diamant que tu es ne brille pas
de mille facettes. »

VOTRE PLAN

En quoi cette attitude, ce talent, cette manière de penser peut-elle servir votre objectif ?

Notez ici ce nouvel élément et ce que vous pouvez en faire pour nourrir votre plan.

Arsène Lupin va au plus simple

L'inspecteur Ganimard: «Tout d'abord ceci: l'affaire a bien été conduite par toi?»
Arsène Lupin: «Depuis A jusqu'à Z.»
L'inspecteur Ganimard: «La lettre d'avis? Le télégramme?»
Arsène Lupin: «Sont de ton serviteur. Je dois même en avoir quelque part les récépissés.»
Arsène ouvrit le tiroir d'une petite table en bois blanc qui composait, avec le lit et l'escabeau, tout le mobilier de la cellule, y prit deux chiffons de papier et les tendit à Ganimard.
L'inspecteur Ganimard: «Ah! ça mais, je te croyais gardé à vue et fouillé pour un oui ou pour un non. Or tu lis les journaux, tu collectionnes les reçus de la poste...»
Arsène Lupin: «Bah! Ces gens sont si bêtes! Ils décousent la doublure de ma veste, ils explorent les semelles de mes bottines, ils auscultent les murs de cette pièce, mais pas un n'aurait l'idée qu'Arsène Lupin soit assez niais pour choisir une cachette aussi facile. C'est bien là-dessus que j'ai compté.»

Arsène Lupin, Gentleman-cambrioleur – Arsène Lupin en prison,
Maurice Leblanc, 1907.

La complexité n'est pas une finalité pour Arsène. Tel que l'appliquent les illusionnistes, les tours les plus spectaculaires utilisent parfois les leviers et les effets les plus simples pour tromper le public.

Il n'est qu'un mot d'ordre au mode de fonctionnement d'Arsène : l'efficacité.

Si pour atteindre son but, il doit user de mille artifices et stratagèmes, il le fera et les combinera entre eux jusqu'à ce que la mécanique soit parfaite.

Mais si l'effet ou l'action la plus évidente peut lui permettre d'aboutir au même résultat, il ira au plus simple, et accomplira son larcin au nez et à la barbe de tous par ce chemin.

Concevoir un plan compliqué ne confine par forcément à la sagesse, ni à un art de stratège, pas plus qu'à un résultat garanti.

Chaque élément d'un plan doit s'avérer nécessaire, car il porte en lui une petite part de fragilité qui peut faire survenir de nouveaux écueils à solutionner.

Tel que n'importe quel grand chef étoilé pourrait le dire : toute bonne recette nécessite au préalable d'avoir des aliments de qualité. C'est la base. Tout ce qui pourra être ajouté par la suite, ne devra l'être que pour sublimer le plat, jamais pour corriger les faiblesses des mets choisis.

Faire simple est souvent ce qu'il y a de plus compliqué. Que l'on parle de stratégie, de recette de cuisine comme de composition musicale.

Nous avons tous tendance à complexifier nos travaux, nos recherches en cumulant des éléments inutiles, mais rassurants, comme à périphraser notre propos, notre pensée, d'une foultitude d'arguments annexes, juste là pour étayer, une fois encore, juste pour nous rassurer.

C'est le doute qui nous pousse en ce sens.

Comme un sculpteur le fait en taillant sa pierre pour en faire émerger la beauté, il nous faut prendre garde à nettoyer notre plan de tous les éléments qui peuvent inutilement le complexifier, car c'est de par cette complexité que nous pouvons échouer.

Votre plan doit être fluide, sans hoquet ni grincement.

La part de risque dans votre plan ne doit pas être celle de vos doutes, que vous avez tenté de résorber par la complexité, la part de risques ne doit être que celle de votre volonté de gagner.

Et Arsène Lupin m'a murmuré…

« Quand vous savez vraiment ce que vous désirez,
allez au plus simple pour l'obtenir,
et le doute disparaîtra. »

VOTRE PLAN

En quoi cette attitude, ce talent, cette manière de penser peut-elle servir votre objectif ?
Notez ici ce nouvel élément et ce que vous pouvez en faire pour nourrir votre plan.

Arsène Lupin est ce qu'il fait

Le narrateur, confident d'Arsène parlant de Lupin :
« Moi-même, me dit-il, je ne sais plus bien qui je suis. Dans une glace je ne me reconnais plus. »
Boutade, certes, et paradoxe, mais vérité à l'égard de ceux qui le rencontrent et qui ignorent ses ressources infinies, sa patience, son art du maquillage, sa prodigieuse faculté de transformer jusqu'aux proportions de son visage, et d'altérer le rapport même de ses traits entre eux.
« Pourquoi, dit-il encore, aurais-je une apparence définie ? Pourquoi ne pas éviter ce danger d'une personnalité toujours identique ? Mes actes me désignent suffisamment. »
Et il précise, avec une pointe d'orgueil :
« Tant mieux si l'on ne peut jamais dire en toute certitude : Voici Arsène Lupin. L'essentiel est qu'on dise sans crainte d'erreur : Arsène Lupin a fait cela. »

Arsène Lupin, Gentleman-cambrioleur – L'arrestation d'Arsène Lupin, Maurice Leblanc, 1907.

Vous connaissez cet adage qui dit en substance : une personne se définit par ce qu'elle fait, non par ce qu'elle dit.

Arsène Lupin incarne à merveille cette vérité première qui concerne tout être humain depuis la nuit des temps.

Nous avons tous tendance parfois à nous raconter, plutôt que de faire, et de laisser les autres nous raconter.

Il y a toujours un regard porté sur nos actes. Parfois un regard admiratif, à d'autres moments envieux, un regard étonné, ou indifférent, et puis aimanté, mais il est toujours un témoin de nos actes, sans que nous ayons besoin de les claironner.

Devant une personne qui fait, qui agit, même le plus indifférent, le plus ennemi n'a jamais l'audace de dénigrer la personne. Ses actions peut-être, mais pas la personne qu'il est.

Ce sont les autres qui jugent, qui jaugent, qui estiment, qu'ils aiment ou non ce que nous faisons, mais en aucun cas cela ne les laisse indifférents dès l'instant où l'on se tait et que l'on fait.

Il n'est pas plus bavard sur nous-même que les gens que l'on côtoie, critiques comprises, mais à ce moment-là, à être ce que vous faites, vous devenez le sujet de conversation, de débat, d'attraction. Vous êtes au centre sans avoir besoin de dire.

La deuxième idée que nous amène ici ce cher Arsène est la possibilité de changer du tout au tout, et de se donner la possibilité d'avoir plusieurs vies. Pourquoi être toujours le même, sans changement, à l'identique ?

Sans renier ce que nous sommes profondément, voilà une sage question que nous pose Arsène : Pourquoi nous contenter de ce que nous sommes aujourd'hui dans un *continuum* infini en attendant la mort, dans la même peau, dans le même lieu de vie, dans le même carcan qui ne rend pas toujours heureux, mais dont on se contente pour autant ?

Arsène nous invite à nous remettre en question dans tout ce que nous vivons, dans tout ce que nous envisageons pour nous-même, dans tout ce à quoi nous aspirons à chaque instant.

Qui m'interdit de changer de vie à l'instant ? D'établir un nouveau projet pour mon avenir, globalement ?

Qui me souffle en ce sens ? Personne. Qui m'en empêche ? Personne, hormis moi.

Alors, si nous ne sommes que la somme de nos actions, et si les autres ne voient de nous que ce que nous faisons, pourquoi ne pas faire dès à présent ce dont vous avez envie pour devenir la personne que vous êtes réellement ?

Et Arsène Lupin m'a murmuré...

« Vos actes vous désignent et vous définissent
tels que vous êtes, naturellement.
Inutile de dire, contentez-vous de faire. »

VOTRE PLAN

En quoi cette attitude, ce talent, cette manière de penser peut-elle servir votre objectif ?
Notez ici ce nouvel élément, ce que vous pouvez en faire pour nourrir votre plan.

DANS LA TÊTE D'ARSÈNE

Assane :

« Vous m'avez sous-estimé,
parce que vous m'avez pas regardé.
Vous m'avez vu,
mais vous m'avez pas regardé.
Comme eux ils nous regardent pas. »

Prêteur sur gage :

« Qui ça eux ? »

Assane :

« Ceux pour qui je travaille.
Ceux qui vivent là-bas pendant
que nous on vit ici.
Ceux qui sont tout en haut,
quand nous on est tout en bas.
C'est grâce à ça qu'on va devenir riche. »

Lupin – Dans l'ombre d'Arsène, série Netflix.

Arsène Lupin reste fidèle à lui-même

Inspecteur Ganimard : « Et maintenant que vas-tu faire ? »
Arsène Lupin : « Maintenant, je vais me reposer, suivre un régime de suralimentation et peu à peu redevenir moi. C'était très bien d'être Baudru ou tel autre, de changer de personnalité comme de chemise et de choisir son apparence, sa voix, son regard, son écriture. Mais il arrive que l'on ne s'y reconnaît plus dans tout cela et que c'est fort triste. Actuellement, j'éprouve ce que devait éprouver l'homme qui a perdu son ombre. Je vais me rechercher… et me retrouver. »

Arsène Lupin, Gentleman-cambrioleur – L'évasion d'Arsène Lupin,
Maurice Leblanc, 1907.

Malgré ses multiples transformations nécessaires, Arsène a besoin de revenir à tout instant à la personne qu'il est au plus profond de lui-même pour ne pas se perdre.

Il ne joue pas de rôle, mais doit se transformer aussi bien physiquement que psychologiquement par nécessité, tout autant pour commettre ses cambriolages, que pour préserver son anonymat et sa tranquillité.

Au fil de ses aventures, le gentleman cambrioleur va étrangement passer de l'autre côté de la barrière pour à son tour devenir détective.

A-t-il changé pour autant, lorsqu'il se met à utiliser son intelligence pour traquer les bandits, comme à prendre la défense de la veuve et de l'orphelin, et à secourir de jeunes femmes qui viennent chercher soutien et délivrance auprès de lui ?

Non, Arsène reste le même. Avec sa morale et ses principes. Il a toujours été un voleur au grand cœur. Il n'a délesté de leurs biens que des personnages qui avaient mal acquis leurs trésors.

Il est aimé tout autant pour le personnage qu'il incarne, son brio, son ingéniosité, que pour la forme de justice qu'il applique dans sa morale de vie.

Pour autant, il doit se raccrocher à sa nature profonde pour ne pas perdre pied, pour ne pas s'oublier dans un de ses personnages.

Fidèle à lui-même, fidèle à ses principes, rien ne peut détourner Arsène de la ligne de conduite qu'il s'est tracée.

Si la nature humaine est ondulante, et les psychologies parfois malléables en fonction de l'air du temps, ce que l'on admire chez Arsène c'est sa droiture, sa constance.

Rien ne peut le détourner, ni le faire fléchir, il reste entier.

Combien de personnes connaissons-nous, autour de nous, qui possèdent cette qualité ? Quelques-unes ? Peu ?

Et que nous font ressentir ces personnes ? Qu'ont-elles en commun ?

La confiance. La confiance qu'elles inspirent, la confiance que l'on peut instinctivement leur accorder.

Nous évoluons tous au cours de nos existences, mais cela n'implique pas de devoir tourner le dos sans arrêt à ce que nous avons dit, pensé ou fait hier.

Dans ces conditions, quel crédit les autres peuvent-ils nous porter ?

Savoir rester fidèle à soi-même, à sa nature, à ses principes, à ses valeurs, comme à ses idées, c'est inspirer confiance et crédibilité, auprès de toutes les personnes que vous allez croiser lors de la mise en place de votre plan.

De quoi faciliter bien des choses, quand il n'y aura pas de doute dans les actes comme dans les paroles que vous avancerez.

Quoi qu'il advienne, nous ne sommes mariés qu'à nous-même. Alors pourquoi vouloir nous séparer de notre être ? Pourquoi vouloir nous diviser ?

Rien ne mérite de se perdre soi-même, ni la gloire, ni quelques deniers, car ils ne seront qu'éphémères quand les autres verront notre vernis craqueler.

Et Arsène Lupin m'a murmuré...

« Ce que l'on peut observer de soi,
c'est tout ce que l'on a mis en œuvre.
Le reste n'est que fantasme. »

VOTRE PLAN

En quoi cette attitude, ce talent, cette manière de penser peut-elle servir votre objectif ?

Notez ici ce nouvel élément, ce que vous pouvez en faire pour nourrir votre plan.

Arsène Lupin peut se sacrifier aux sentiments

Arsène Lupin : « Ah ! Monsieur raille ? Monsieur se souvient qu'il a eu l'honneur de procéder à mon arrestation ? Sache, mon respectable ami, que personne, pas plus toi qu'un autre, n'eût pu mettre la main sur moi, si un intérêt beaucoup plus considérable ne m'avait sollicité à ce moment critique. »
Inspecteur Ganimard : « Tu m'étonnes. »
Arsène Lupin : « Une femme me regardait, Ganimard, et je l'aimais. Comprends-tu tout ce qu'il y a dans ce fait d'être regardé par une femme que l'on aime ? Le reste m'importait peu, je te jure. Et c'est pourquoi je suis ici. »

Arsène Lupin, Gentleman-cambrioleur –
Arsène Lupin en prison,
Maurice Leblanc, 1907.

Séducteur, charmeur, Arsène Lupin aime les femmes et aime encore plus les envelopper dans son mystère et les ravir par ses manières de gentleman.

Malgré tout, il n'est pas de ces dragueurs de bas étage, ni de ces flatteurs d'arrière-cour. Il aime avec cœur, sans ombrage, avec tendresse et espoir.

Il connaît de ces amours qui n'aboutissent pas, que l'on croise et qui fendent le cœur quand ils s'éloignent.

Arsène a sacrifié sa liberté pour le simple regard d'une femme pour qui il nourrissait de profonds sentiments, sans un regret, juste pour vivre pleinement cet instant.

N'est-ce qu'un passage de roman ? N'est-ce pas cet instant suspendu que nous rêvons tous de vivre à un moment ?

Faut-il parfois comme lui se sacrifier aux sentiments ? Cela peut arriver. Il faut en tout cas tout faire pour les préserver.

Si l'amour peut être un projet de vie en soi, il arrive aussi que nos projets personnels ou professionnels nous demandent un tel niveau d'investissement, que nous nous éloignions de notre couple, de notre amour, de ce qui fait une grande part de notre bonheur et de notre vie.

Que l'on fasse pour l'autre ou pour soi, il faut prendre garde à ne pas suivre son plan au détriment de l'être aimé et de l'attention que l'on doit lui porter. Aucun diamant ne vaut la peine de sacrifier le trésor d'une relation amoureuse.

Peut-être faut-il simplement intégrer ou impliquer l'autre dans votre plan, dans votre projet personnel, pour en faire un grand tout de bonheur et ne pas déséquilibrer votre vie. Et cela peut s'avérer d'autant plus intéressant, si votre partenaire vous amène un élan et un éclairage différent.

Le soutien des sentiments peut donner des ailes, et nous faire d'autant plus oser et aller plus loin dans nos entreprises.

L'amour est un moteur puissant.

Sans amour, sans partage, sans sentiment, quel projet vaut vraiment la peine d'être mené dans la solitude et l'isolement?

Cela peut survenir suivant nos moments de vie, mais cela ne dure jamais longtemps, car même si l'on fait pour soi, nous désirons tous pouvoir partager ce qui sort de notre âme.

Et Arsène Lupin m'a murmuré…

«Tout faire par amour,
tout faire pour l'amour,
c'est tout faire pour sa vie.»

VOTRE PLAN

En quoi cette attitude, ce talent, cette manière de penser peut-elle servir votre objectif ?

Notez ici ce nouvel élément, ce que vous pouvez en faire pour nourrir votre plan.

Arsène Lupin suit sa vocation

Mme de Dreux : « [...] La légende de ce bon fils m'a au contraire fort intéressée, et je suis heureuse que mon collier ait été l'occasion d'une destinée aussi brillante. Mais ne croyez-vous pas que le fils de cette... femme, de cette Henriette, obéissait surtout à sa vocation ? »

Il tressaillit, sentant la pointe, et répliqua :

Chevalier Floriani : « J'en suis persuadé, et il fallait même que cette vocation fût sérieuse pour que l'enfant ne se rebutât point. »

Mme de Dreux : « Et comment cela ? »

Chevalier Floriani : « Mais oui, vous le savez, la plupart des pierres étaient fausses. Il n'y avait de vrai que les quelques diamants rachetés au bijoutier anglais, les autres ayant été vendus un à un selon les dures nécessitées de la vie. »

Mme de Dreux : « C'était toujours le collier de la reine, monsieur, dit la comtesse avec hauteur, et voilà, me semble-t-il, ce que le fils d'Henriette ne pouvait comprendre. »

Chevalier Floriani : « Il a dû comprendre, madame, que faux ou vrai, le collier était avant tout un objet de parade, une enseigne. »

Arsène Lupin, Gentleman-cambrioleur –
Le collier de la reine,
Maurice Leblanc, 1907.

Savoir pourquoi l'on est fait, le découvrir, et suivre cette piste en chemin de vie. Cela peut parfois prendre du temps, cela peut parfois demander de tester et de se frotter à moult métiers qui ne sont pas notre vocation première, mais qui permettent de se former, de grandir, et d'accumuler des expériences aussi diverses que variées. Expériences qui vont s'enchevêtrer, se répondre, prendre du volume comme s'annuler.

Le chemin peut être long comme évident à trouver sa vocation, ce pour quoi on est fait, ce qui nous anime, et qui nous donnera l'envie de nous lever chaque matin sans besoin d'élan, ni d'obligation.

La vocation est ce qui, au moment où nous ouvrons les yeux chaque jour, nous apparaît comme une évidence, un désir moteur qui nous attire hors du cocon tiède de notre lit.

Il ne peut y avoir de calcul avec la personne-outil, la personne-utile que nous sommes au plus profond de nous. Nous avons tous un rôle à jouer, une place à tenir.

Tant qu'elle reste floue, indécise, tant que les contours de ce pour quoi nous sommes faits individuellement ne sont pas clairement définis, il n'est que difficultés au quotidien et douleur au réveil. La pénibilité de chaque instant pèse alors sur chacune de nos pensées, sur chacun de nos gestes.

Prendre conscience de ses forces comme de ses faiblesses dresse déjà un sérieux tableau de la personne que nous sommes. Pour autant, cela ne définit pas les moteurs qui vont créer notre bonheur comme notre désir de faire. Tout ce qui en somme, nous permettra de traverser l'existence, d'y trouver notre place, comme de pouvoir y faire face dans les pires moments.

Plus qu'un métier, plus qu'un travail, plus qu'un savoir, trouver sa vocation, c'est se mettre en phase définitivement avec nous-même. À jamais.

Dès lors, quoi qu'il arrive, retomber sur ses pattes comme Arsène n'est qu'une question de temps, de volonté, de logique, de plan. Votre plan.

Écrire des poèmes d'adolescent, ses premiers romans, des éditoriaux satiriques quotidiens sous couvert de sites Internet vitrine, des slogans etc. et se souvenir de son premier conte rédigé à l'âge de dix ans...

Écrire, écrire chaque jour, simplement.

À avoir fait tant de métiers, tâtonner dans tant de directions, seule l'écriture ressortait en fil rouge de toutes ces années. Combien de pistes devais-je encore suivre, combien d'années devais-je encore attendre avant de l'accepter ?

Prendre le risque de ne suivre que ma voie envers et contre tout, ce qui m'a toujours attiré et ce malgré les nombreuses difficultés.

Et vous ? Quelle envie brûle au fond de vous, même si vous n'y croyez pas aujourd'hui ? Quel rêve secret caressez-vous de ce que vous voudriez être ou de ce que vous voudriez faire ?

À qui tournez-vous le dos par crainte, si ce n'est à vous-même ?

C'est au cœur de votre plan que doit se trouver cette vocation, car elle sera votre moteur intarissable quand vous devrez ajuster la voilure pour vous adapter aux événements au fil du temps.

Pensez-vous vraiment que seuls les génies œuvrent à se transcender à travers leurs projets ? Qu'une petite voix leur parle chaque soir à leur chevet, pour les conseiller sur ce qu'ils devraient faire ?

Il n'est pas de génie en ce bas monde, juste des personnes qui ont cru en elles, tout autant qu'en leur capacité à devenir et à obtenir ce dont elles ont toujours rêvé.

Croire en soi, c'est suivre sa vocation.

Et si vous vous demandiez à cet instant : « Quelle est la mienne ? »

Revenez sur vos pas et cherchez le fil de votre personnalité, ce vers quoi vous avez toujours tendu, les domaines qui vous ont toujours attiré, les thèmes, les sujets, les métiers, les domaines vers lesquels vous êtes toujours revenus, directement, indirectement : ce qui fait votre clef.

Et Arsène Lupin m'a murmuré...

« Le génie, c'est être soi,
sans plus aucun mensonge. »

VOTRE PLAN

En quoi cette attitude, ce talent, cette manière de penser peut-elle servir votre objectif ?

Notez ici ce nouvel élément et ce que vous pouvez en faire pour nourrir votre plan.

Discussion avec Arsène

Il est minuit ou presque. Je me tourne vers Arsène.

— Y a-t-il des choses que tu regrettes dans ta vie Arsène ?

— Oui, toutes celles que je n'ai pas eu le temps de faire. J'ai été à l'essentiel, mais le temps passe si vite, et une vie n'est qu'un éclair. C'est là peut-être la seule barrière que j'ai connu dans ma vie : prendre conscience que je n'aurais pas le temps de tout faire.

— Vouloir tout faire ou ne rien faire, ce que j'observe aujourd'hui chez mes contemporains, jusqu'à croire qu'à notre époque, on peut aussi tous nous catégoriser ainsi, d'un côté ou de l'autre de la colonne. Reste pourtant à faire l'essentiel.

— Reste à faire ce dont tu as envie, il n'est pas de catégorie, juste le temps qu'il reste et à pouvoir y faire entrer au chausse-pied les rêves à assouvir.

— Pas de regrets alors, hormis ce que tu n'as eu le temps de poursuivre… ?

— Quelques amours aussi, quelques amours sans fin, qui n'ont connu que des débuts mais aucun avenir. Pour cela, il faut du temps aussi. Peut-être n'y ai-je pas consacré les heures nécessaires, peut-être les ai-je englouties dans mes projets, sans me soucier des années qui défilaient et de l'âge qui avançait.

— On ne peut tout avoir alors ?

— Il n'est question que de temps, celui imparti, et la façon dont on veut le façonner. À chacun d'y trouver ses avantages, ses envies, son équilibre. Voler le plus beau diamant du monde est un projet au même titre que cultiver un amour au long terme et une douce vie de famille. Cela demande temps et investissement personnel, un choix de vie.

— Et si quelqu'un désirait tout ?

— Voler tant de choses en ce monde d'un seul coup serait digne d'Arsène Lupin ! J'ai eu ma part. D'autres le feront pour moi, peut-être. Si le corps meurt, l'esprit reste. C'est bien là tout l'enjeu qui en vaut la peine.

Arsène Lupin est attirant

« La curiosité publique, cependant ne s'était pas affaiblie. Chaque jour on avait attendu la nouvelle de son évasion. On la souhaitait presque, tellement le personnage plaisait à la foule avec sa verve, sa gaieté, sa diversité, son génie d'invention et le mystère de sa vie. Arsène Lupin devait s'évader. C'était inévitable, fatal. On s'étonnait même que cela tardât si longtemps. »

Arsène Lupin, Gentleman-cambrioleur –
L'évasion d'Arsène Lupin,
Maurice Leblanc, 1907.

Arsène Lupin est comme un aimant qui suscite toutes les curiosités, toutes les admirations. On attend après lui comme après un surhomme, un super-héros. Il est l'image de ce que chacun de ses fans aimerait être.

Il a beau être un voleur, il représente malgré tout dans l'imaginaire collectif ce personnage que chacun rêverait de devenir.

Non seulement il force l'admiration, comme nous l'avons évoqué, mais il a ce talent d'attirer malgré ses forfaits, la sympathie auprès du plus grand nombre.

Qui n'aurait pas aimé être le confident d'Arsène Lupin comme Maurice Leblanc l'a été, à défaut d'être Arsène Lupin lui-même ?

Qui ne rêverait pas d'être sous la lumière tout en restant dans l'ombre, avant de devenir la lumière elle-même, comme Arsène ?

Pour que votre plan fonctionne, quel que soit votre objectif, il va vous falloir faire comme Arsène : attirer et non pas rebuter.

Et pour cela, il va falloir vous montrer plutôt que d'être invisible, séduire plutôt que d'être cynique, donner avant de pouvoir prendre, surprendre par vos idées, de par votre fantaisie, assumer votre différence, vous mettre à nu, rester enjoué, et aimer.

Oui, aimer. Aimer dans le moindre de vos actes, à la manière d'Arsène.

Il n'est que les gens qui donnent avec leurs tripes qui attirent naturellement, tous sont généreux de ce qu'ils sont. Et ceci n'a rien à voir avec ceux qui brillent de mille paillettes pour ne finir par attirer que des mouches envieuses.

Comme Arsène, il est certaines personnes ayant la capacité de fédérer, de donner confiance quant à leur personne, de partager leurs rêves sans jamais solliciter, demander ou imposer leurs idées. C'est cette qualité primordiale qu'il faut nous savoir saupoudrer sur notre chemin. Pour attirer, il faut être aimé. Et pour être aimé, il faut aimer.

La question est : aimons-nous assez ce que nous faisons, les autres, les personnes auprès desquelles nous nous présentons avec notre projet ? Nous aimons-nous assez nous-même pour être aimé ? Suffisamment pour attirer ?

C'est peut-être là un des secrets d'Arsène ; il s'aime, et peut donc aisément aimer, ce qu'il fait comme ceux qui le regardent faire.

Et Arsène Lupin m'a murmuré…

« Il ne faut jamais se fâcher avec l'avenir.
Il repousse comme il attire. »

VOTRE PLAN

En quoi cette attitude, ce talent, cette manière de penser peut-elle servir votre objectif ?

Notez ici ce nouvel élément et ce que vous pouvez en faire pour nourrir votre plan.

Arsène Lupin déteste la violence

Arsène Lupin à sa mère alors qu'elle est mourante :
« Il ne faut pas croire ce qu'on raconte sur moi maman, je n'ai pas de sang sur les mains et je n'en aurai jamais. »

Arsène Lupin,
film de Jean-Paul Salomé, 2004.

Arsène Lupin : « Monsieur Kasselbach, de la banque Kasselbach et associés je suppose. Arsène Lupin. »
Directeur de la banque : « Je vous en supplie, ne me tuez pas. »
Arsène Lupin : « Il ne faut pas croire les journaux, je suis un cambrioleur délicat, et le sang me répugne. »
Directeur de la banque : « C'est ici, coffre 22. »
Arsène Lupin : « Et maintenant, un dernier effort monsieur Kasselbach. Là ? Là ? Là ?… Combinaison ! »

Arsène Lupin,
film de Jean-Paul Salomé, 2004.

Pour ses larcins, l'imagination, la malice, la préparation, le stratagème, l'illusion et l'anticipation remplacent chez Arsène toute forme d'agressivité, d'arme ou de violence pour mener à bien ses projets.

Arsène Lupin est un voleur, mais un voleur bienveillant. Et même s'il maîtrise l'art de la savate qu'il a étudié avec son père, il utilise cette arme uniquement pour se défendre, jamais pour forcer la conduite de ses plans.

Cela peut lui arriver de devoir se battre, comme dans l'épisode du train dans la série Netflix*.

Alors qu'Assane emmène sa famille à Étretat, dans une situation délicate, il n'a pas d'autre choix que de se battre avec l'homme de main de Pellegrini, à l'arrière du train, pour protéger sa famille.

Ce dernier revient quelques instants plus tard et les menace avec une arme. La violence n'est alors plus possible, mais la ruse d'Arsène les sauvera.

Par un simple jeu de SMS, Assane/Arsène donne rendez-vous au commissaire qui le traque, en décrivant le par-dessus de l'homme de main tout en l'identifiant comme étant Paul Sernine, le voleur du collier au Louvre. Il lui glisse au passage

* *Lupin – Dans l'ombre d'Arsène,* série Netflix.

dans la poche de l'imperméable une des pierres du collier qu'il avait fait démonter par son ami d'enfance. Le train arrivé en gare, c'est son agresseur que l'on prend pour Arsène et qui se fait arrêter.

Alors qu'il était acculé sans arme dans ce train, il rejoue l'épisode du « mystérieux voyageur », aventure d'Arsène Lupin écrite par Maurice Leblanc, et s'en sort, tout en protégeant sa famille, sans arme ni violence.

Arsène parvient à transgresser les lois, à traverser le système en diagonale sans jamais faire de mal.

Il réagit et ne subit jamais une situation. En cas de stress intense, comme dans ce passage, il fait un pas de côté et transforme ce mauvais stress, cette peur, en créativité instantanée pour s'en sortir.

Arsène n'aime pas faire de mal, et encore moins aux femmes. Même quand il quitte la fille Pellegrini dans la série, au moment du dernier baiser d'adieu, comme pour se faire pardonner, il prend son visage entre ses mains pour, sans qu'elle s'en rende compte, lui accrocher une paire de boucles aux oreilles.

L'agressivité et la violence physique ou verbale, peuvent-elles être bénéfiques pour arriver à nos fins ?

Jamais.

Se battre n'est utile que pour se défendre. Il faut parfois savoir lâcher pour mieux avancer.

Pour mener à bien un projet, il faut apprendre à rester calme. La brutalité des mots comme des actions n'amènent jamais qu'à l'impasse.

Même si par moments on a envie de se défouler, et de rouler celui qui nous fait face dans la fange de sa bêtise, cela n'amènera qu'un soulagement de courte durée. En aucun cas nous n'aurons avancé dans notre plan. Nous n'aurons fait que perdre du temps.

Il n'est pas besoin de hurler pour vous faire entendre. Vos actes parlent pour vous.

La force que vous projetez et que vous imposez doit passer par la douceur.

Négociez, arbitrez, mais ne vous braquez jamais.

N'imposez pas : suggérez.

N'ordonnez pas : évoquez.

Il n'est jamais de vainqueur dans un combat ouvert.

Le seul combat que vous devez mener est celui de vos rêves. Le reste n'en vaut jamais la peine.

Et Arsène Lupin m'a murmuré…

« Le mur qui se dresse est là
pour apprendre à le contourner,
pas pour être affronté. »

VOTRE PLAN

En quoi cette attitude, ce talent, cette manière de penser peut-elle servir votre objectif ?

Notez ici ce nouvel élément et ce que vous pouvez en faire pour nourrir votre plan.

....
....
....
....
....
....
....
....
....
....
....
....
....
....
....
....
....
....
....
....
....
....
....
....
....
....
....
....
....
....

Arsène Lupin est un chat

Clarisse : « Pourquoi ce nom, Raoul d'Andrésy ? Arsène Lupin c'est quand même mieux non ? »
Arsène Lupin : « Arsène Lupin, Raoul d'Andrésy, peu importe ! L'essentiel c'est de retomber sur ses pattes, comme les chats ! »
Clarisse : « Oui, mais les chats ont neuf vies ! »
Arsène Lupin : « J'en aurai beaucoup plus ! »

Arsène Lupin,
film de Jean-Paul Salomé, 2004.

Oui, à n'en pas douter, Arsène Lupin est un chat.

Presque un phénix, renaissant sans cesse de ses cendres, retombant toujours sur ses pattes. Surtout lorsque nous, humbles spectateurs parcourant ses aventures, nous ne pouvons concevoir la manière dont il se sortira de l'impasse. Cela nous paraît impossible.

Et pourtant le coup de baguette magique est là, comme tombant du ciel, un point de bascule si finement et longuement préparé dans le plan d'Arsène.

Pas plus que pour le chat nous ne pouvons comprendre et appréhender tous les ressorts qui régissent et motivent Arsène Lupin.

Nous pouvons nous inviter dans leurs méandres, en décrypter comme nous l'avons fait ensemble, quelques dizaines de leviers essentiels dont nous pouvons tirer avantages dans notre plan, pour notre projet.

Pour autant, Arsène Lupin conserve cette part intouchable, cette part mystérieuse du chat.

En ce sens, il nous attire comme un aimant, à tel point que nous voudrions lui ressembler par moments.

Après avoir passé tant de temps à analyser l'attitude du chat, il m'est apparu évident qu'Arsène utilisait en grande partie les mêmes forces que lui.

C'est dans ce mystère qu'il entretient de lui-même la promesse qu'il nous fait : devenir comme lui, « aussi meilleur » que lui.

Les chats ont neuf vies, comme Arsène. Elles se construisent et s'évanouissent tour à tour pour n'en faire plus qu'une, la sienne, la nôtre, la vôtre.

Une vie pleine et entière, riche de changements, de remises en question, de projets.

Et à cette ligne, après votre première vie, que penseriez-vous de mettre en place votre plan, pour entamer votre deuxième existence ?

Êtes-vous prêt comme Arsène à chaque jour faire table rase d'hier pour ne vivre qu'aujourd'hui ?

Et comme lui, retomber toujours sur vos pattes, quelle que soit la direction prise ?

Êtes-vous comme Arsène, dans la peau d'un chat qui ne demande qu'à reprendre sa liberté, pour entamer le premier jour de votre nouvelle vie ?

Et Arsène Lupin m'a murmuré...

« Être un chat,
c'est être indépendant pour être libre,
et pouvoir réinventer à chaque instant
votre nouvelle vie. »

VOTRE PLAN

En quoi cette attitude, ce talent, cette manière de penser peut-elle servir votre objectif ?
Notez ici ce nouvel élément et ce que vous pouvez en faire pour nourrir votre plan.

Discussion avec Arsène

Il est minuit ou presque. Je me tourne vers Arsène.

— Dis-moi Arsène, la vie que tu as mené t'a-t-elle rendu heureux ?

— Heureux ? Je ne sais. Comblé, oui. Même s'il reste quelques blancs dans les pages de ma vie. Mais peut-on tout avoir ? Ce n'est pas une conception humaine, encore moins en une vie. Mais peut-on pour le moins réaliser ses rêves et assouvir ses désirs, le temps qu'il nous est imparti.

— Des blancs ?

— Des secrets. N'as-tu pas de secrets que personne n'a jamais su et ne saura jamais ?

— Si.

— Alors, garde-les. Ils sont ta part d'ombre qui permet à ta lumière de jaillir. Sans quoi tu serais terne.

— Crois-tu en la vie après la vie, ou à une seconde vie, quelle qu'en soit la forme ?

— Je crois en la vie d'aujourd'hui, celle que j'ai. Ce qui ne m'empêche pas de croire en ce que bon me semble. Mais pourquoi passerais-je ce temps si précieux à m'angoisser ou à m'agenouiller à longueur de journée pour celle de demain ?

— Mais peut-être…

— Faut-il ne pas beaucoup aimer sa vie, pour la passer à attendre la mort et à subir. Pourquoi ne pas simplement en changer, à l'envie, et en jouir dès aujourd'hui ?

Le bilan

Reprenez ici tous les éléments que vous avez noté au fil des chapitres qui vont à présent servir votre objectif.

Notes personnelles

Le plan

À présent, organisez-les de manière logique et chronologique pour établir votre plan d'action.

Étapes :

1. . . . .
2. . . . .
3. . . . .

. . . .

. . . .

. . . .

. . . .

. . . .

. . . .

. . . .

. . . .

. . . .

. . . .

. . . .

. . . .

. . . .

. . . .

. . . .

Vous voilà prêt, ne reste plus qu'à enclencher la mécanique de vos rêves.

Prenez votre risque, osez, prenez votre temps, et allez remporter la partie en suivant étape par étape les actions de votre propre plan.

Devenez vous-même, vous êtes Arsène Lupin à présent.

Et avant de s'éclipser,
Arsène m'a murmuré :

« Le jour où tu douteras,
souviens-toi qu'au fond de toi,
j'ai toujours existé. »

Notes personnelles

Notes personnelles

Bibliographie

www.stephanegarnier.com
www.facebook.com/stephanegarnier.officiel
www.linkedin.com/in/stephanegarnier
www.instagram.com/stephane.garnier.auteur

Agir et penser comme le Petit Prince, éditions du 75e anniversaire, Éditions de l'Opportun, 2021

30 jours pour devenir un chat, Éditions de l'Opportun, 2021

Faites des gosses ! First Éditions, 2021

Clasher comme un super héros ! Éditions de l'Opportun, 2021

30 jours pour me débarrasser de ma peur de l'échec, Éditions de l'Opportun, 2021

L'art (très) délicat des prédictions, Éditions de l'Opportun, 2021

Agir et penser comme un chat, Poche, Éditions Le Livre de poche, 2020

J'ai décidé d'être libre… c'est bon pour la santé, Éditions Ideo, 2020

Je cartonne à l'oral, Éditions de l'Opportun/L'Étudiant, 2020

Agir et penser comme James Bond, Éditions de l'Opportun, 2020

Espions, petits et grands secrets, Éditions de l'Opportun, 2020

Les meilleurs slogans de manif, First Éditions, 2020

Légendes à la con, (réédition illustrée), First Éditions, 2020

C'*était Chirac*, Éditions de l'Opportun, 2019

Agir et grandir comme un chat, Albin Michel/Éditions de l'Opportun, 2019

Agir et penser comme un chat – Saison 2, Éditions de l'Opportun, 2019

J'ai décidé d'être heureux… c'est bon pour la santé, Éditions Ideo, 2019

Le chat en 500 citations, coll. Poche, Éditions de l'Opportun, 2019

Karma of cats – Collectif d'auteurs, Sounds True Editions (US), 2019

Péter sans se faire griller, Éditions Tut-Tut/Éditions Leduc.s, 2019

C'est vraiment trop con de finir comme ça ! Éditions de l'Opportun, 2019

Off – Ta vie commence quand tu raccroches, Éditions de l'Opportun, 2018

Agir et penser comme un chat – Cahier d'exercices, Éditions de l'Opportun, 2018

Catissime, l'encyclopédie du chat, Éditions de l'Opportun, 2018

#Balancetonmacho – Les Oscars de la misogynie, Éditions Tut-Tut/Éditions Leduc.s, 2018

T'as pris combien ? 9 mois comme tout le monde, Éditions Tut-Tut/Éditions Leduc.s, 2018

Bienvenue dans Ch'nooord, Éditions Tut-Tut/Editions Leduc.s, 2018

Super Radin, Éditions de l'Opportun, 2017

Agir et penser comme un chat, Éditions de l'Opportun, 2017

Le chat en 500 citations, Éditions de l'Opportun, 2017

Ma vie en mode Feignasse, Fergie & Stéphane Garnier, Éditions de l'Opportun, 2017

Comment le Petit Mélenchon est devenu le plus grand ! Éditions de l'Opportun, 2017

Légendes à la con, First Éditions, 2017

La lutte, c'est classe ! First Éditions, 2016

Perles de politiques, First Éditions, 2015

Perles de People, First Éditions, 2015

L'homme sans contrainte, Éditions Max Milo/Alphares, 2014

Il y a l'océan, TdB Editions, 2009

Imprimé en Espagne par Liberdúplex
Dépôt légal : juin 2021
ISBN : 9782380153064